Rudolf Dick

GARTEN-WERKZEUGE

RICHTIG SCHÄRFEN UND PFLEGEN

WIELAND

Rudolf Dick

GARTENWERKZEUGE
richtig schärfen und pflegen

1. Auflage, 2015

ISBN 978-3-938711-73-6

Wieland Verlag GmbH, Rosenheimer Straße 22, D-83043 Bad Aibling
Telefon 08061/38998-0, Fax 08061/38998-20
Internet: www.wieland-verlag.com
E-Mail: info@wieland-verlag.com

Fotos: Mutsuhiro Kato (Seiten 77, 78, 79), Dr. Ing. Rudolf Dick (alle übrigen Seiten)
Grafiken: Harald Welzel (Seiten 43, 44, 49, 82,112), Dr. Ing. Rudolf Dick (alle übrigen Grafiken)

Umschlaggestaltung und Layout: Caroline Wydeau

Druck: PROOST SK

Printed in EU

INHALT

ÜBER DEN AUTOR

Der 1956 geborene, promovierte Maschinenbauingenieur hatte als langjähriger Geschäftsführer der Dick GmbH, Feine Werkzeuge, seit jeher großes Interesse am kreativen Zusammenwirken von Werkzeug, Mensch und Material. Der Grundstock wurde wohl schon durch die Kinderstube in der Werkstatt seines Vaters gelegt, der einen kleinen Betrieb für die Herstellung von Musikinstrumentenbedarf führte. Endgültig übergesprungen ist der Funke bei einem Praktikum in der Werkzeugmacherei der ehemaligen Deggendorfer Werft, wo unter Anleitung eines Meisters vom „alten Schlag“ geschmiedet und geschärft wurde. Nach einer mehrjährigen Tätigkeit in der technischen Unternehmensberatung trat Dr. Dick Anfang der 90er-Jahre in den elterlichen Betrieb ein, den er zusammen mit seinem Bruder Heinrich zu einem der weltweit führenden Anbieter hochwertiger Handwerkzeuge weiterentwickelte.

Dr. Dick lebt im niederbayerischen Deggendorf, wo er neben seiner Tätigkeit als beratender Ingenieur die vorgestellten Werkzeuge und Schärfmethoden im eigenen Garten und der Holzwerkstatt erprobt. Aus seiner Feder stammen auch die im gleichen Verlag erschienenen Bücher „Holzwerkzeuge schärfen“ und „Japanmesser schärfen“.

www.rudolfdick.de

Dr. Ing. Rudolf Dick

DANKSAGUNG

Der Kontakt und rege Austausch mit zahllosen Anwendern von Garten- und Forstwerkzeugen, ebenso wie Herstellern und Schmieden, bildete die Grundlage für die Wissensinhalte, die in diesem Buch wiedergegeben werden. Dafür, dass diese kundigen Menschen ihre Erfahrungen so bereitwillig mit mir geteilt haben, darf ich ihnen meinen herzlichen Dank aussprechen. Besonders darf ich die Mitwirkung von Günter Friese und Harald Welzel hervorheben, sowie die Unterstützung durch Herrn Mutsuhiro Kato bei der Erstellung der Fotos über das Schmieden der Japansichel. Hans Joachim Wieland danke ich für das sorgfältige Lektorat und Caroline Wydeau für den gewissenhaften Satz. Nicht zuletzt darf ich meiner Frau Angelika dafür danken, dass sie ihren geliebten Ziergarten bereitwillig als Versuchsterrain zur Verfügung stellte und auch darüber hinaus den Entstehungsprozess dieses Buchs förderte.

Rudolf Dick

HINWEISE:

Generische Schreibweise: Im Text wird aus Gründen der besseren Lesbarkeit die traditionelle Schreibweise ohne „Binnen-I" verwendet, also beispielsweise Gärtner statt GärtnerInnen.

Linkshänder: Alle Beschreibungen und Abbildungen sind auf Rechtshänder bezogen. Für Linkshänder gilt die Darstellung analog. Der Grund liegt allein in der leichteren Lesbarkeit und Übersichtlichkeit der Inhalte.

VORWORT

Was gibt es Schöneres, als den Pflanzen Gutes zu tun und zugleich Körper und Geist zu erfrischen? Unbedingte Voraussetzung für ein sicheres und genussvolles Arbeiten in der freien Natur ist hochwertiges Gerät. Ob Säge, Schere oder Hacke – Werkzeuge erfüllen ihre Funktion dann am besten, wenn sie vertraut in der Hand liegen. So hat wohl jeder ambitionierte Hobbygärtner für eine bestimmte Aufgabe ein Lieblingswerkzeug, das er wie einen Schatz hütet. Es zeichnet sich vielleicht durch besonders ergonomische Griffe, ein geringes Gewicht oder gute Balance aus.

Bei allen schneidenden Werkzeugen spielt selbstverständlich das Schneidvermögen und die Standzeit der Klinge eine zentrale Rolle. Eine wirklich scharfe Heckenschere macht den Formschnitt von Buchsbäumen zum wahren Vergnügen, mit der japanisch gezahnten Baumsäge durchtrennt man selbst armdicke Äste mit wenigen Zügen. Hinzu kommt, dass scharfe Schneiden die Arbeit nicht nur müheloser machen, sondern auch glattere Schnittflächen hinterlassen, die weniger anfällig gegenüber Mikroben- und Pilzbefall sind. Vor allem bei der Obstbaumkultivierung und Veredelung setzen grobfaserige oder gequetschte Schnittflächen den Baum einem unnötigen Infektionsrisiko aus. Auch Geräte für die Bodenbearbeitung – Hacken, Spaten oder Unkrautjäter – verrichten ihren Dienst leichter, wenn ihre Kanten scharf sind.

Das Wissen um die Vorteile scharfer Werkzeuge ist gärtnerisches Allgemeingut. Woran liegt es dann, dass dennoch so viele stumpfe Geräte in unseren Gärten den Dienst an den Pflanzen erschweren? Vielleicht ist es der Tatsache zuzuschreiben, dass das Werkzeugschärfen zum Thema Metallbearbeitung gehört, was bei manchen Hobbygärtnern für gewisse Vorbehalte sorgt.

Es ist das erklärte Ziel dieses Buchs, diese Berührungsängste abzubauen. Wir bedienen uns dazu einer Methode, die absolut sicher und in hohem Maße fehlerverzeihend ist: Dem Schärfen von Hand mit Wasser- oder Diamantsteinen. Das sorgt für eine exakte Schneidengeometrie, es entsteht kein Funkenflug, und der Stahl kann – im Gegensatz zum Maschinenschliff – nicht ausglühen. Zudem ist der Investitionsbedarf gering: Es genügen in der Regel wenige Schärfwerkzeuge, um die gesamte Palette der schneidenden Gartengeräte von der Blumenschere bis hin zur Astsäge zu bearbeiten.

Wie bei jeder manuellen Technik, so beruht der Erfolg beim Schärfen nicht zuletzt auf Erfahrung und fleißigem Üben. Dennoch ist ein Grundstock an Theoriewissen nützlich. Meist geht es beim Schärfen darum, entlang der Schneidkante kontrolliert Material abzutragen. Weil sich das in mikroskopischen Dimensionen abspielt, ist es sinnvoll, die Vorgänge zwischen Schärfstein und Metall genauer zu betrachten. So wächst das Verständnis dafür, was man tut und warum man es tut. Etwas Metallkunde trägt dazu bei, die Schneidengeometrie der Werkzeuge in Abhängigkeit vom Einsatz zu optimieren und schwierige Aufgaben, wie etwa das Sensendengeln, besser zu bewältigen.

Werkzeuge sind nichts weiter als eine Verlängerung der menschlichen Hand. Je vertrauter wir mit ihnen sind, umso leichter und selbstverständlicher unterstützen sie uns beim kreativen oder produktiven Schaffen. Es ist deshalb für jeden Handwerker ein natürliches Bedürfnis, das vertraute Werkzeug zu bewahren und zu pflegen. Dazu gehört das Schärfen von Schneiden ebenso wie der Schutz vor Rost oder das Justieren und Reparieren. Eine Scharte muss noch lange kein Grund sein, sich von der lieb gewonnenen Astschere zu verabschieden, ein lockerer oder gebrochener Axtstiel ist mit wenig Mühe instandzusetzen. So hält mit dem nötigen Know-how die Kultur der Nachhaltigkeit auch in Ihrem Geräteschuppen Einzug. Wenn dieses Buch dazu einen Beitrag leisten kann, dann hat es seinen Zweck erfüllt.

Viel Freude bei der Lektüre und sicheres Arbeiten im Garten mit stets scharfen Werkzeugen wünscht Ihnen

Rudolf Dick

GRUNDLAGEN

Die richtige Schärfmethode

Nahezu alle Gartenwerkzeuge lassen sich gut von Hand schärfen, wobei wir je nach Bedarf Schärfsteine, diamantbeschichtete Schärfmittel, Schleifleinen und Leder verwenden. Das manuelle Schärfen hat gegenüber dem Einsatz von Elektroschleifern oder anderen Maschinen mehrere Vorteile:

- Sicherheit: Da weder Funken sprühen noch sich das Werkzeug erhitzt, ist das Schleifen von Hand die sicherste Methode, um Schneiden vom stumpfen wieder in den scharfen Zustand zu versetzen.

- Genauigkeit: Die entscheidenden Vorgänge beim Schärfen spielen sich im mikroskopischen Bereich ab. Wir müssen uns mit allen Sinnen auf diese Aufgabe konzentrieren, um sie gut zu meistern. Wichtig ist nicht nur eine genaue optische Kontrolle, sondern auch immer wieder eine Prüfung der Anschliff-Fläche und der Gratbildung mit der Fingerkuppe. Das lässt sich beim manuellen Schärfen weit besser machen als beim Einsatz von Maschinen, wenn durch Lärm und Funkenflug die Konzentration leidet.

- Nachhaltigkeit: Beim maschinellen Schärfen wird meist mehr Material abgetragen als notwendig. Damit verkürzt sich auch die Lebensdauer des Werkzeugs. Zudem kommt es beim ungekühlten maschinellen Schliff leicht zu einer Überhitzung des gehärteten Stahls. Bereits ab einer Schneidentemperatur von etwa 200° C (wobei sich der Klingenkörper oft nur handwarm anfühlt) verringert sich die Standzeit. Temperaturen ab etwa 670° führen zu einem völligen Härteverlust, der Stahl „glüht aus" und wird für die weitere Verwendung unbrauchbar.

- Kosten: Der Investitionsaufwand für eine Grundausstattung an Schärfmitteln ist gering.

Diese grundsätzliche Vorgehensweise schließt allerdings einen vorsichtigen Einsatz von Schärfmaschinen bei stärkerem Korrekturbedarf nicht aus, vor allem wenn die Schleifsteine wassergekühlt sind.

Schärfmittel

Grundausstattung

Um die gängigen Gartengeräte scharf zu halten, bedarf es nur weniger Hilfsmittel. Für die Mehrzahl der Pflanzenscheren, Messer und Beile reicht ein Satz von drei diamantbeschichteten Flachfeilen mit grober, mittlerer und feiner Körnung.

Grob (Körnung 320): Bei starkem Verschleiß, zum Herausschleifen von kleinen Scharten
Mittel (Körnung 600): Zum Schärfen bei normalem Verschleiß
Fein (Körnung 1200): Zum Nachschärfen bei geringem Verschleiß, zum Abziehen des Grats

Als Alternative oder Ergänzung kommt ein doppelseitiger Diamant-Klappschärfer (Körnung mittel/fein) in Frage. Er ist vor allem beim mobilen Einsatz von Vorteil.

Die Grundausstattung:

(1) Diamant-Schärffeilen in drei Körnungen
(2) doppelseitiger Klappschärfer (alternativ)
(3) Einhiebfeile
(4) Schleifleinen mit selbst gebauten Rundstabschleifern
(5) Rostradierer
(6) Multiformstein

Für stärkere Materialabnahme an weniger harten Schneiden, zum Beispiel an Spaten und Hacken, dient eine hochwertige Einhiebfeile von 200 mm Länge, Hieb 2. Sie liefert eine glattere Oberfläche als konventionelle Kreuzhiebfeilen.

Wasserfestes, flexibles Schleifleinen der Körnung 240 bis 600 dient zum Säubern und Entrosten von Oberflächen, aber auch zum Bau einfacher Hilfsmittel wie einem Rundstabschleifer für konkave Schneiden. Das effektivste Mittel zum Entrosten ist jedoch ein sogenannter Rostradierer, der ähnlich wie ein Radiergummi funktioniert. Er ist in verschiedenen Körnungen erhältlich. Nicht im Sortiment fehlen sollte ein kleiner Multiformstein feiner Körnung, der zum Abziehen von Innen- und Außenwölbungen nützlich ist.

Werkzeuge für Sensen und Sicheln

Für Sensen und Sicheln benötigen Sie einen schiffchenförmigen Sensenwetzstein, den dazugehörigen Behälter (Kumpf) sowie, falls Sie sich auch an das Dengeln wagen wollen, einen Dengelhammer und Degelamboss. Darauf werden wir später ausführlicher eingehen.

Werkzeuge für Sägen

Konventionelle Gartensägen lassen sich mit einer feinen Einhieb-Sägenfeile mit rautenförmigem Querschnitt schärfen. Zum Schränken (was das ist, wird

Das braucht man zum Sägen-Schärfen:
(1) Diamant-Sägenfeile
(2) Einhieb-Sägenfeile
(3) Schränkzange

später erklärt) dient eine einstellbare Schränkzange. Für die extra harten, dicht stehenden Zähne von japanischer Astsägen benötigt man eine dünne, rautenförmige Diamantfeile. Die Blätter werden dazu in einem breiten Schraubstock oder besser in einer speziellen Kluppe gespannt, deren Bau in dem entsprechenden Kapitel beschrieben wird.

Kettensägen werden mit speziellen, auf die Zahnlücken abgestimmten Rundfeilen geschärft.

Diamantschärfer

Bei Diamant-Schärfwerkzeugen wird feines Diamantgranulat, in Nickel gebunden, galvanisch auf eine dünne Stahlplatine aufgebracht, die wiederum in einem Kunststoffkorpus eingebettet ist. Sie sind in Blockform, als kompakte Taschenschärfer oder Schärffeilen mit planer oder runder Arbeitsfläche verfügbar. Im Gegensatz zu Natur- oder Kunststeinen zeichnen sie sich durch eine hohe Bruchbeständigkeit aus, wodurch sie bestens für den Einsatz im Garten- und Outdoorsektor geeignet sind. Neben den erwähnten Diamant-Flachfeilen ist für anspruchsvollere Schärfaufgaben ein größerer Diamant-Schärfblock empfehlenswert. Er eignet sich zum Abrichten von Planflächen (etwa bei elektrischen Heckenscheren) und für das Schärfen längerer, gerader Schneiden (Rasenmähermesser). Für konkave Flächen, etwa Hippen, Sicheln oder Wel-

Nützliche Diamantschärfmittel:
(1) Kombi-Schärfblock „Duo Sharp"
(2) konische Rundfeile
(3) Schärfkonus
(4) Nadel-Rundfeile
(5) Schärfblock

AUFBAU EINES DIAMANTSCHÄRFERS

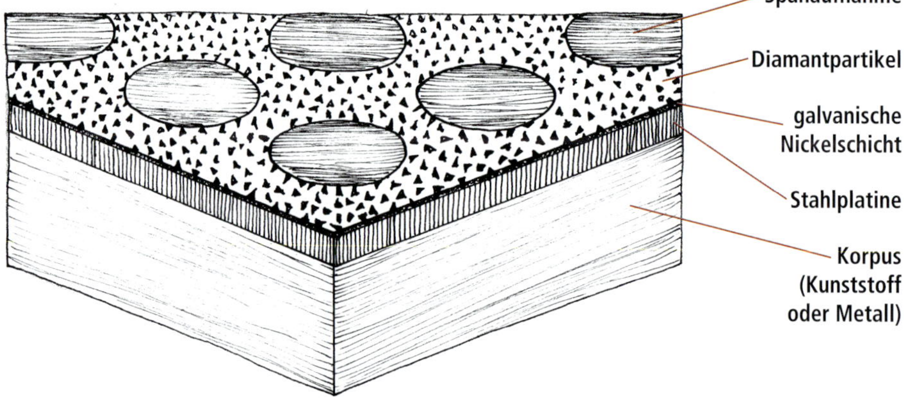

lenschliff-Heckenscheren, benötigt man gerundete Schärfmittel, beispielsweise eine Diamant-Rundfeile oder einen Schärfkegel.

Diamant, der härteste Werkstoff, macht diese Schärfmittel sehr langlebig, jedoch nicht völlig verschleißfrei. Je nach Beanspruchung verlieren sie die anfängliche aggressive Schärfe relativ rasch, um dann in der Regel über lange Zeit eine nahezu konstante Abtragleistung zu zeigen. Am besten ist man mit bewährten Markenprodukten, zum Bespiel von DMT, beraten. Sie zeichnen sich durch die Verwendung monokristalliner Diamantkörner aus, die wesentlich beständiger sind als polykristalline Partikel, wie sie häufig bei „Billigschärfern" zum Einsatz kommen. Wichtig ist auch die einheitliche Größe der Partikel, um ein gleichmäßiges Schliffbild zu erzeugen, sowie eine hohe Streudichte für gute Abtragleistung. Diamantschärfer werden nach der Korngröße spezifiziert, das Angebot reicht von 120 µm (extra-extragrob, Körnung 120), bis 3 µm (extra-extrafein, Körnung 8000).

Üben Sie beim Gebrauch von Diamantschärfern nur geringen Druck aus! Zu hoher Druck kann die galvanische Beschichtung beschädigen oder die Diamantpartikel aus der Matrix reißen. Diamantschärfer können trocken oder mit Wasser oder dünnem Öl als Spülmittel benutzt werden. Wir empfehlen Wasser, da es überall verfügbar und effektiver ist als ein trockener Einsatz.

Mit Steinen werden die feinsten Schneiden erzielt:

(1) japanischer Kombistein

(2) kleiner Kombistein

(3) Belgischer Brocken

(4) Arkansas-Ölsteine (Multiform und rund)

Diamantschärfer sind selbstverständlich auch für alle anderen Werkzeug- und Messerklingen verwendbar, sowie zur Bearbeitung von Materialien wie Hartmetall, Carbid, Keramik oder Glas.

GEFÜGE VON WASSERSTEINEN

offenes Gefüge

geschlossenes Gefüge

Durch das offene Gefüge (links) wird eine bessere Schleifwirkung erzielt.

Zum Abrichten wird der Stein im nassen Zustand auf plan liegendem Schleifleinen in elliptischen Bewegungen bearbeitet.

Schärf- und Abziehsteine

In jüngster Zeit haben japanische Wassersteine für das Schärfen von Schneidwerkzeugen aller Art eine immer größere Beliebtheit erlangt. Durch ihr offenes Gefüge schleifen sie äußerst effektiv, da während des Gebrauchs ständig neue, scharfe Schleifpartikel freigelegt werden. Die synthetisch hergestellten Steine sind in einem breiten Körnungsspektrum (60 bis 20000) verfügbar. Für die formgenaue Bearbeitung von geraden Klingen, beispielsweise bei Okuliermessern oder Heckenscheren, ist ein japanischer Kombi-Wasserstein (Körnung 1000/6000) ideal. Mit ihm lassen sich die Schneiden bis zur Spiegelpolitur verfeinern. Nebenbei erfüllt der vielseitig verwendbare Stein auch in der Holzwerkstatt oder Küche für das Schleifen der Stecheisen respektive Kochmesser beste Dienste.

Abrichten von Schärfsteinen

Durch ihre relativ lockere Bindung unterliegen synthetische, japanische Wassersteine einem stärkeren Verschleiß als die härteren Natursteine. Für viele Zwecke, vor allem wenn geradlinige Werkzeugschneiden geschärft werden, muss der Stein absolut plan sein. Man sollte daher Wasser-Blocksteine regelmäßig auf Planheit kontrollieren und bei Bedarf abrichten. Dazu legt man feuchtes Wasserschleifleinen (Körnung 60-120) auf eine ebene und glatte Unterlage (Metall-, Stein- oder Glasplatte), auf der es adhäsiv haftet. Darauf reibt man den gut gewässerten Stein mit gleichmäßigem Anpressdruck, bis er wieder eben ist. Kontrollieren kann man das am besten mit einem aufgesetzten Haarlineal. Auf dem Schleifleinen kann man bei Bedarf auch Multiformsteine passend zurichten, beispielsweise um in runde oder gekerbte Schneiden zu gelangen.

Natursteine

Natürlich gewonnene Abziehsteine von homogener Struktur und brauchbarer Größe zählen heute zu den gesuchten Raritäten. Der in den Ardennen gewonnene Belgische Brocken gilt als der klassische Abziehstein für alle Schneidwerkzeuge. Leider ist er in der feinsten Qualität („Coticule“ genannt) nur noch kleinformatig erhältlich. Härter, doch weniger schleifwirksam sind der sogenannte „Blaue Thüringer“ Wasserstein, sowie die nur mit Öl zu benutzenden „Arkansas“-Steine, die im gleichnamigen US-Staat gebrochen werden. Man sollte jedoch Öl- und Wassersteine nicht kombiniert verwenden, da Öl die Wassersteine zusetzt und damit ihre Wirksamkeit beeinträchtigt. Die erwähnten Schärfsteine sind selbstverständlich nicht nur für Gartenwerkzeuge, sondern ebenso für Messer und Holzbearbeitungswerkzeuge verwendbar.

Leder

Die Verwendung von Leder zum Abziehen von Schneidwaren hat eine lange Tradition. Grundsätzlich ist zu beachten, dass blankes Leder keine abtragende Funktion hat. Deshalb bestreicht man es meist mit einer Polierpaste, die mit einem feinen Schleifgranulat versetzt ist. So kann man beispielsweise bei

Leder ist das klassische Abziehmaterial:

(1) Leder-Streichriemen, auf Holzunterlage aufgeklebt

(2) Multiform-Lederabziehblock

(3) Polierpaste

Gärtnermessern eine sehr feine Schneidenpolitur erzeugen. Am besten eignet sich starkes, pflanzlich gegerbtes Rindleder, das besonders hart ist. Auch dünnes, flexibles Leder ist verwendbar, wenn man es auf einen Holzträger aufklebt. So bleibt es formstabil und verursacht an der Schneide keine Mikroabrundung. Auf diese Weise kann man sich auch speziell geformte Abziehblöcke für runde oder konkave Schneiden selbst herstellen. Üben Sie beim Abziehen mit Leder keinen zu hohen Druck aus!

Prüfwerkzeuge

Wenn Sie das Resultat Ihrer Bemühungen nicht nur beim Schnitttest, sondern auch optisch prüfen wollen, benötigen Sie eine Lupe mit wenigstens 10-facher Vergrößerung und Beleuchtung. Falls beim Blick senkrecht auf die Schneide noch eine „Silberlinie" sichtbar ist, genügt sie unseren Ansprüchen noch nicht.

Ein kleines Haarlineal ist nützlich zur Überprüfung von Planflächen, beispielsweise bei Schärfsteinen, nach der sogenannten „Lichtspaltkontrolle". Man setzt das Lineal auf die Fläche und peilt gegen das Licht. Durch Anlegen eines kleinen Winkelmessers lässt sich nicht nur der Anschliffwinkel von Schneiden nachmessen, sondern auch die Form der Fase (gerade oder ballig) abschätzen.

Genauigkeit ist Trumpf:
(1) Leuchtlupe
(2) Haarlineal
(3) Winkelmesser

GÄRTNERMESSER

Okuliermesser

Die drei abgebildeten Klappmesser gehören zur Grundausstattung des Gärtners. Für die Veredelungsschnitte an Obstbäumen, Weinstöcken, Rosen oder Ziergehölzen muss das Okuliermesser über eine möglichst scharfe Schneide (auch „Wate“ genannt) verfügen, um die Rinde nicht unnötig zu verletzen. Auch beim Kopulieren und Pfropfen bedarf es eines präzisen und glatten Schnitts. Nur so lässt sich eine innige Verbindung zwischen Reis und Unterlage schaffen, die den Anwachserfolg erhöht. Für den keilförmigen Zuschnitt und das Anpassen der Reiser ist eine gerade Schneide nötig. Messer dieser Art werden auch als „Kopuliermesser“ bezeichnet.

Damit die Schneide auch beim Nachschärfen gerade bleibt, also nicht hohl geschliffen wird, sollte man das Okuliermesser auf einem planen Blockstein

(1) Hippe

(2) Allzweckmesser mit arretierbarer Klinge

(3) Okuliermesser mit Rindenlöser am Rücken

bearbeiten, beispielsweise einem japanischen Kombistein der Körnung 1000/6000. Zum Schärfen benutzen wir die Körnung 1000.

Legen Sie den gut gewässerten Stein auf eine rutschfeste Unterlage und setzen Sie die Klinge quer zur Steinlängsrichtung auf. Führen Sie das Messer im vorgegebenen Fasenwinkel (25° bis 30°) in geradlinigen Bewegungen über den Stein. Die Finger der linken Hand üben nahe an der Schneide sowohl bei der Schub- als auch bei Zugbewegung Druck aus, ohne jedoch den Stein zu berühren. Die rechte Hand kontrolliert am Griff den Neigungswinkel. Vermeiden Sie Wippbewegungen, die zu einer balligen Fase führen würden.

Bei korrektem Ablauf bildet sich nach wenigen Zügen auf der Rückseite ein durchgehender Grat, der mit der Fingerkuppe tastbar ist. Bei einem beidseitig angeschliffenem Messer wird nun die Rückseite in gleicher Weise bearbeitet.

Generell gilt beim Schärfen von Werkzeugen oder Messern die Grundregel, dass nach Möglichkeit immer ein Teil (entweder der Schärfstein oder das Werkzeug) fix positioniert wird, während mit dem anderen die Schärfbewegungen ausgeführt werden. So lassen sich exaktere Ergebnisse erzielen, als wenn beide Teile zueinander bewegt werden.

Zum Abziehen des Grats auf der 6000er Körnung macht man Striche in Schneidenlängsrichtung, unter Beibehaltung des Fasenwinkels. Man kann dabei das Messer auch geringfügig (etwa 2°) steiler anstellen und so eine kleine Mikrofase erzeugen. Üben Sie beim Abziehen nur sehr wenig Druck aus. Zwei oder drei Züge auf jeder Seite sollten genügen, um den Grat restlos zu beseitigen. Schließlich kann man die Schneide noch auf einem Leder-Streichriemen rasiermesserscharf auspolieren. Führen Sie dabei die Klinge im gleichen Anstellwinkel und streichen Sie von der Schneide weg.

Bei einem einseitig angeschliffenen Messer wird nur die Schneidfase geschärft und dann die Rückseite mit flach aufliegender Klinge abgezogen.

Machen Sie einen Schärfetest an einem frei gehaltenen Blatt Papier. Die Klinge muss ohne zu haken sanft hindurchgleiten.

Beim Schärfen auf dem japanischen Kombistein macht man Züge quer zur Schneide, während ...

... das Abziehen des Grats längs zur Schneide erfolgt.

Mit der von der Schneide weg streichenden Fingerkuppe darf nach dem Abziehen kein Grat mehr fühlbar sein.

Auf dem Leder-Streichriemen wird unter Zugabe von etwas Polierpaste mit Strichen von der Schneide weg die Schneide auspoliert.

Allzweckmesser

An das Allzweckmesser, das für alle mittelschweren Schneidarbeiten dient, von der Gewinnung von Reiser bis hin zum Abtrennen von Kordeln, werden nicht ganz so hohe Präzisionsanforderungen gestellt. Es sollte jedoch über einen rutschsicheren, gut dimensionierten Griff verfügen, sowie über eine robuste Klinge, die arretierbar ist.

Zum Schärfen und Abziehen verwenden wir unseren Diamant-Klappschärfer mit zwei Körnungen. Legen Sie die arretierte Klinge so auf einer festen Unterlage ab, dass die Schneide frei steht, und halten Sie das Messer in dieser Position fixiert. Feuchten Sie den Klappschärfer etwas an und führen Sie ihn im Fasenwinkel quer zur Schneide. Beginnen Sie an der Spitze und arbeiten Sie schrittweise nach hinten. An der Gratbildung auf der Gegenseite spürt man, ob der Schärfer korrekt aufliegt.

Wenden Sie nun die Klinge und bearbeiten Sie die Gegenseite in gleicher Weise. Zum Abziehen verwendet man die feinkörnige (keramische) Seite des Dia-

Mit einem Kombi-Klappschärfer wird die Klinge des Universalmessers in kürzester Zeit geschärft und abgezogen.

mantschärfers oder einen feinkörnigen Naturstein, beispielsweise einen Belgischen Brocken. Machen Sie damit auf beiden Seiten Züge in Schneidenlängsrichtung, bis der Grat restlos beseitigt ist. Mit etwas Übung dauert der Vorgang nicht länger als ein bis zwei Minuten. Falls die Klinge wie beim gezeigten Modell aus nicht rostfreiem Carbonstahl besteht, sollte man abschließend etwas Rostschutzöl auftragen.

Hippen

Die durch ihre geschweifte Klinge charakterisierte Hippe wird seit der römischen Antike für vielfältigste Aufgaben im Gartenbau eingesetzt. Äußerst effektiv lassen sich mit ihr Abtrennschnitte an jungen Zweigen durchführen, wobei der geschwungene Griff die ziehende Arbeitsweise unterstützt. Aber auch beim Ernten von Blumen und Gemüse, zur Weinlese, zum Einschneiden der Rinde beim Okulieren und zum Putzen und Glätten von Wundrändern hat sich die spitz auslaufende Sichelform der Klinge als vorteilhaft erwiesen.

Um der konkaven Schneidenlinie folgen zu können, benötigt man zum Schärfen einen Stein mit Außenradius oder beispielsweise einen Multiformstein. Der hier verwendete diamantbeschichtete Schärfkegel hat den Vorteil, dass er

Durch ihre geschweifte Form eignet sich die Hippe gut zum Glätten von Wundrändern.

Anwendungs-Tipp

Arbeiten Sie nach Möglichkeit bei jedem Messer immer mit „ziehendem Schnitt“, wobei die Klinge nicht senkrecht durch das Schneidgut gedrückt, sondern in einer ziehenden Bewegung geführt wird. Die nötigen Schnittkräfte werden dadurch geringer.

bruchfest und verschleißresistent ist. Die preiswerteste Lösung ist ein mit feinem Schleifleinen (Korn 320 bis 600) umwickelter Rundstab. Für anspruchsvolle Schneidaufgaben, etwa beim Veredeln, sind Hippen meist mit einem sehr flachen Fasenwinkel von 15° bis 20° angeschliffen.

Ein diamantbeschichteter Schärfkonus ist eine von mehreren Optionen beim Schärfen der Hippe.

Der selbst angefertigte Lederabziehblock dient zum Auspolieren der Schneide.

Setzen Sie die Klinge so auf eine Unterlage, dass die Schneide frei steht und folgen Sie mit dem angefeuchteten Schärfkonus der Fase, während die linke Hand das Messer in Position hält. Beginnend an der Spitze wird die Klinge beiderseits in Strichen quer zur Schneide bearbeitet, bis sich jeweils auf der Rückseite ein leichter Grat bildet. Ziehen Sie schließlich den Grat mit einem feinkörnigen Abziehstein (Belgischer Brocken oder japanischer Kunststein) mit wenigen Strichen längs zur Schneide ab.

Durch Auspolieren mit Leder kann man die Schneide noch einen Tick schärfer machen. Den dazu notwendigen Abziehblock kann man sich leicht aus Hartholz passend formen und mit dünnem Leder bekleben. Für eine bessere Wirksamkeit bestreicht man ihn mit etwas Polierpaste. Der Abziehblock kann auch für andere konkav gewölbte Schneiden (beispielsweise Gertel), sowie auf seiner Planseite für Werkzeuge mit geraden Schneiden verwendet werden.

Anwendungs-Tipps

➡ *Halten Sie beim Arbeiten mit der Hippe immer mit der freien Hand den abzuschneidenden Zweig fest und stellen Sie sich so, dass nach einem plötzlichen Durchtrennen des Zweigs die Klinge nicht das Bein treffen kann.*

➡ *Geben Sie bei Klappmessern gelegentlich einen Tropfen nicht harzendes Öl (etwa Ballistol oder Kamelienöl) in die Federnocke. Das dient nicht nur der leichteren Bedienung, sondern beugt auch dem Verschleiß vor. Ölen Sie bei nicht rostfreien Klingen auch gelegentlich die Klingenoberfläche.*

➡ *Zur Pflege von Griffschalen aus unbehandeltem Holz verwenden Sie am besten naturbelassenes Leinöl. Es schützt vor Feuchtigkeit und verbessert nach der Aushärtung die Griffigkeit.*

PFLANZENSCHEREN

Der Legende nach haben wir die Erfindung des Pflanzenbeschnitts einem wilden Esel zu verdanken, der vor 8000 Jahren in Kleinasien in einen Weingarten eindrang und sich an den Reben gütlich tat. So sehr sich der Weinbauer über diese Dreistigkeit ärgerte, so verblüfft war er über deren Folgen: Die angeknabberten Weinstöcke trugen daraufhin weit mehr Trauben als die anderen Stöcke. Fortan überließ er den ertragsfördernden Eingriff nicht mehr dem gefräßigen Vierbeiner, sondern schnitt die Pflanzen selbst zurück, was regelmäßig durch eine reiche Ernte belohnt wurde.

Welches Werkzeug er dazu benutzte, wissen wir nicht – vielleicht eine aus Kupfer geschmiedete Hippe, aber sicher keine Schere. Denn diese wurde erst zu römischer Zeit erfunden, in Mitteleuropa fand sie für den Pflanzenbeschnitt frühestens ab dem 15. Jahrhundert Verbreitung.

Heute weist kein anderes Gartengerät einen größeren Variantenreichtum auf als die Schere. Es gibt Ausführungen für Weinreben, Obstbäume, Rosen, Blumen, Bonsais, Hecken, Buchsbäume, Gras, mit gekröpften oder geraden Blättern, mit oder ohne Übersetzung, langen oder kurzen Armen, für Rechts- oder Linkshänder, um nur einige zu nennen. Dabei ist das Grundprinzip immer das gleiche: Zwei in einer gemeinsamen Achse (sogenanntes „Schloss“) gelagerte, aneinander vorbei gleitende Blätter (Bypass-Schere) oder ein auf einen Amboss auftreffendes Blatt (Amboss-Schere) zerteilen das Schneidgut schnell und sauber – vorausgesetzt, die Schere ist gut geschärft und richtig justiert.

Durch die gegenseitige Anstellung überkreuzen sich die Blätter der Astschere.

So einfach das Prinzip der Schere ist, so anspruchsvoll ist dessen technische Umsetzung. Für eine gute Funktion genügt es nicht, wenn die Blätter platt aufeinander gleiten, vielmehr sollten sich die Schneiden über die gesamte Länge jeweils nur an einem Punkt berühren. Um das zu erreichen, sind die Blätter gegeneinander angestellt („Zug“ genannt) und haben einen minimalen „Drall“, worunter man eine Längstorsion versteht. Viele hochwertige Pflanzenscheren, vor allem Heckenscheren, weisen darüber hinaus auf der Blattinnenseite einen Hohlschliff auf, die sogenannte „Hohle“.

Baumscheren (Astscheren)

Die Baumschere (oft auch Astschere genannt) ist die am häufigsten eingesetzte Gartenschere. Bei dieser Bypassschere liegt der Ast am stumpf angeschliffenen Unterbeck an, der als Widerlager dient, während der bogenförmig angeschliffene Oberbeck ihn mit „ziehendem Schnitt“ abschert. So werden besonders glatte Schnittflächen bei relativ geringer Schnittkraft ermöglicht. Die Baum-

(1) Bonsaischere (japanisch)
(2) Blumenschere (japanisch)
(3) Astschere (japanisch)
(4) historische Astschere (deutsch)
(5) historische Astschere „Sécateur" (französisch)
(6) Astschere mit Rollgriff (USA)
(7) Amboss-Astschere (deutsch)

BEZEICHNUNGEN AN DER ASTSCHERE

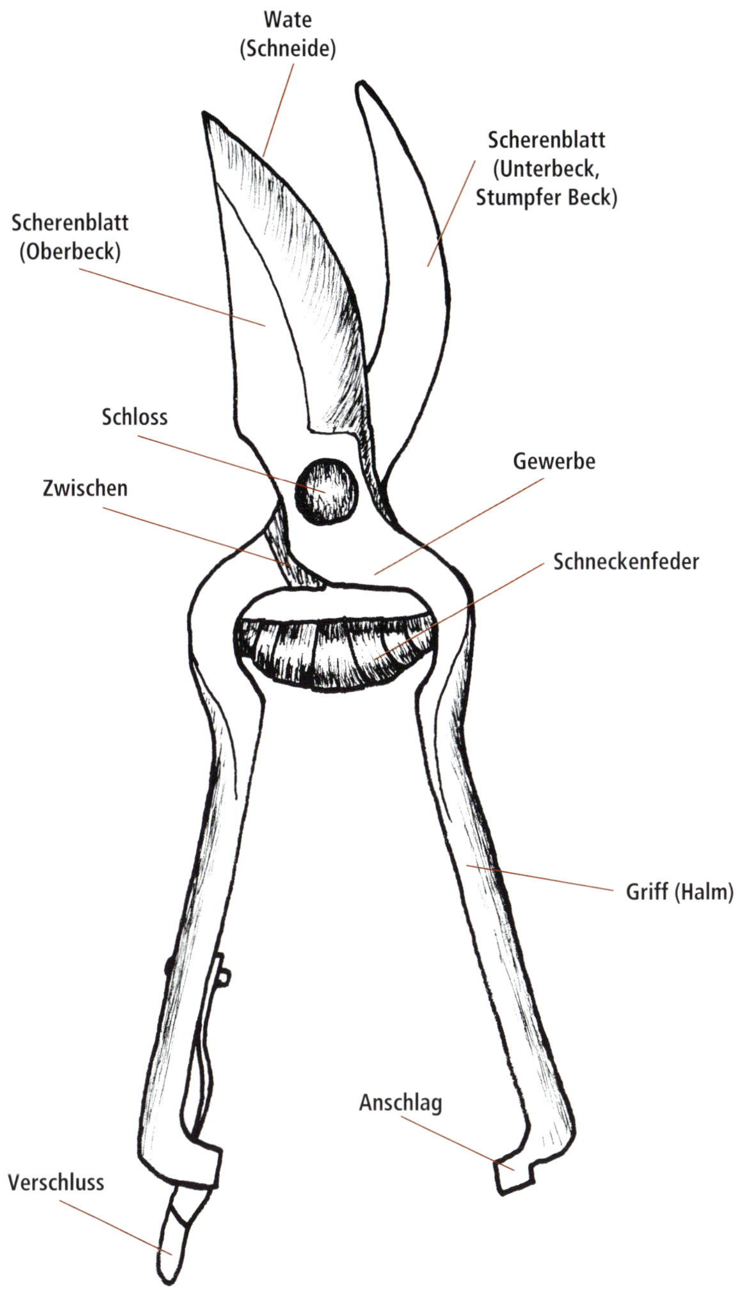

Mit einer schlanken Diamantfeile von feiner Körnung kann man diese moderne Astschere im zusammengebauten Zustand schärfen. Feilstriche quer zur Schneide sind wirkungsvoller als Längsbewegungen, so lässt sich auch der Winkel genauer einhalten.

Der Grat, der sich auf der Rückseite gebildet hat, wird in einer Längsbewegung mit der flach aufliegenden Feile abgezogen. In der Regel reicht auch beim Abziehen Körnung 600, bei hohem Anspruch kann man mit Körnung 1200 nacharbeiten.

schere ist für Verjüngungsschnitte an Reben, Obstbäumen und Rosen, sowie das Durchtrennen dünner Zweige bis hin zu daumenstarken Ästen gleichermaßen geeignet.

Geschärft wird in der Regel nur der Oberbeck, der zusätzlich zum Grundschliff meist noch eine Mikrofase aufweist. Wenn sich die Schere ausreichend weit öffnet und man über einen flachen Schärfer verfügt, kann man die Schere im montierten Zustand schärfen. Ansonsten muss man sie vor dem Schärfen zerlegen, um eine Kollision der Feile mit dem Unterbeck zu vermeiden. Für „moderne“ Astscheren (Typ Felco, Barnel, Gardena und ähnliche) verwenden wir eine schlanke Diamantfeile mit Körnung 600 für das Schärfen und Abziehen.

Reinigen Sie die Schere vor dem Schärfen. Harzreste würden die Feile zusetzen. Die meisten Astscherenblätter sind mit einer Mikrofase von 23° bis 28° angeschliffen. Der Anschliff ist immer einseitig, die Rückseite des Blatts ist plan.

Halten Sie das Blatt am Griff in einer fixen Position, am besten auf einer Unterlage aufliegend, und machen Sie mit der angefeuchteten Feile im vorgegebenen Fasenwinkel gerade Striche quer zur Schneide.

Einige wenige Striche sollten genügen. Nachdem Sie schrittweise die ganze Schneide bearbeitet haben, ziehen Sie den Grat auf der Rückseite ab. Dabei lassen Sie die Feile plan auf der Fläche aufliegen und machen ein oder zwei Striche längs zur Schneide.

Auf keinen Fall dürfen Sie die Feile beim Abziehen anstellen. Eine so erzeugte Gegenfase würde die Funktion der Schere erheblich beeinträchtigen!

Prüfen Sie mit der Fingerkuppe beiderseits, ob die Schneide gratfrei ist. Ansonsten gehen Sie mit wenig Druck nochmals über die Fase und Rückseite, oder Sie verwenden eine noch feinere Feile (Körnung 1200) für das Abziehen. Geben Sie etwas Öl auf die Gleitflächen und in das Schloss und prüfen Sie, ob der Gang weich und spielfrei ist. Er ist an der Schlossmutter einstellbar. Das Blatt muss von der Spitze bis zur Ferse ein dünnes Blatt Papier sauber durchtrennen.

REPARIEREN VON SCHARTEN

Ausbrüche an der Schneide kommen an den Blättern von Astscheren häufig vor. Sie treten vor allem auf, wenn man sich an harten, abgestorbenen Ästen versucht oder die Schere beim Schnitt verkantet. Falls es für Ihr Modell Ersatzklingen gibt, können Sie einfach das Blatt auswechseln. Günstiger und dem Gebot der Nachhaltigkeit angemessener ist es, den Defekt durch Herausschleifen selbst zu beheben. Das setzt voraus, dass das Blatt nicht verbogen ist und die Ausbrüche nicht so tief gehen, dass die Überlappung der Schneiden nicht mehr gewährleistet ist. Bei handgeschmiedeten Scheren, wie dem hier gezeigten japanischen Modell, ist das ohnehin die einzige Option.

Zerlegen Sie die Schere und markieren Sie mit einem wasserfesten Stift entsprechend der Tiefe der Ausbrüche eine neue Schneidenlinie. Tragen Sie nun auf einem Diamant-Blockstein oder auf einem japanischen Wasserstein mit senkrecht stehendem Blatt und bogenförmigen Längsbewegungen so viel Material ab, bis die Markierung erreicht ist und die Scharten bis zum Grund entfernt sind.

Anschließend wird mit der Diamantfeile eine neue Fasenfläche im vorgegebenen Fasenwinkel (23° bis 28°) angeschliffen. Bei starker Beanspruchung empfiehlt es sich, den Fasenwinkel um 3° bis 5° stumpfer zu wählen als im Ausgangszustand. Bearbeiten Sie die Schneide, bis sich auf der Rückseite von der Ferse bis zur Spitze ein gleichmäßiger Grat gebildet hat. Ziehen Sie den Grat mit einem flach anliegenden, feinkörnigem Abziehstein in Bewegungen längs zur Schneide ab. Polieren Sie auch die Fase mit dem Stein, bis eine völlig riefen- und gratfreie Schneide vorliegt.

Geben Sie schließlich einen Tropfen Öl auf die Kontaktflächen und in das Schloss und bauen Sie die Schere wieder zusammen. Stellen Sie den Gang so ein, dass er spielfrei ist, jedoch nicht klemmt. Die Schere muss sich durch die Federwirkung selbsttätig öffnen. Bei einen Probeschnitt sollte ein dünnes Blatt Papier rissfrei durchtrennt werden.

Die Scharten werden mit senkrecht stehendem Blatt in bogenförmigen Bewegungen auf einem Diamantstein herausgeschliffen.

Anschließend wird eine neue Schneide im Fasenwinkel von etwa 25° aufgebaut.

Mit einem japanischen Multiformstein (Korn 8000) wird auf der Rückseite der Grat beseitigt und anschließend die Schneide auspoliert.

Anwendungs-Tipps

Der Schnitt mit einerAstschere soll nahe, jedoch nicht ganz bündig am Stamm oder Mutterast liegen („auf Astring"). Das angeschliffene Scherenblatt muss zum Triebstück hin weisen. Vor allem bei stärkeren Ästen empfiehlt es sich, mit der freien Hand das Schnittgut festzuhalten. Um diese Arbeitsweise auch für Linkshänder zu ermöglichen, gibt es von einigen Herstellern spezielle Linkshändermodelle.

„Auf Ring schneiden": Der Anschliff des Scherenblatts zeigt zum Stamm hin. Der Astring bleibt stehen.

Die Angaben der Hersteller bezüglich des maximalen Schnittvermögens sind meist zu optimistisch. Tun Sie Ihrer Schere an zu dicken oder zu harten (abgestorbenen) Ästen keine Gewalt an. Greifen Sie bei hartnäckigem Widerstand lieber zur Astsäge, statt die Scherenblätter zu verbiegen oder den Baum durch Rindenabrisse zu schädigen. Vermeiden Sie das Verkanten der Schere.

Bewahren Sie die Schere in einem soliden Gürtelholster auf. So ist die Astschere stets griffbereit. Spätestens nach dem Durchscheuern mehrerer Hosentaschen werden Sie den Vorteil schätzen lernen.

Ambossscheren

Bei der Ambossschere trifft ein gerades, symmetrisch angeschliffenes Blatt mittig auf ein ambossförmiges Gegenblatt. Da das aktive Blatt keiner Scherwirkung ausgesetzt wird, kann es relativ dünn sein, was beim Schneiden von sehr hartem oder totem Holz Vorteile bringt. Allerdings verursacht der drückende Schnitt eine stärkere Quetschung am Muttertrieb. Bedingt durch die Ambossbreite ist auch kein so stammnahes Arbeiten wie bei der Bypassschere möglich.

Zum Schärfen muss die Ambossschere zerlegt werden. Das Blatt ist mit einer feinen Mikrofase in einem Schneidenwinkel von etwa 25° angeschliffen. Zum Schärfen legen wir es auf eine Unterlage und machen mit dem angefeuchteten Diamantschärfer geradlinige Züge quer zur Schneide. Sobald sich über die ganze Länge auf der Gegenseite ein Grat gebildet hat, drehen wir die Klinge und bearbeiten Sie auf der Rückseite in gleicher Weise. Schließlich wird der Grat mit einigen Strichen längs zur Schneide auf beiden Seiten abgezogen.

Die Ambossschere muss zum Schärfen zerlegt werden.

Bonsaischeren

Die japanische Bonsaischere ist nicht nur ein ästhetisch ansprechendes, sondern auch für die Pflege von Topfpflanzen ein sehr vielseitig verwendbares Schneidwerkzeug. Sie hat, ebenso wie die japanische Blumenschere, eine gerade Schneide, die „auf Null“ (ohne Mikrofase) geschliffen ist. Die Schere ist durch die Vernietung der Drehachse nicht zerlegbar. Klappen Sie sie soweit wie möglich auf und legen Sie das Blatt auf einer Unterlage ab, so dass die Schneide frei steht.

Den befeuchteten, feinkörnigen Diamantschärfer (Körnung 1200) lässt man auf der Fase plan anliegen und macht Schärfstriche quer zur Schneide. Durch die breite Auflagefläche ist die Einhaltung des vorgegebenen Winkels (in der Regel 28°) kein Problem. Bearbeiten Sie die Schneide, bis sich auf der Innenseite über die gesamte Schneidenlänge ein durchgehender Grat gebildet hat. Wiederholen Sie den Vorgang beim zweiten Blatt.

Ziehen Sie anschließend den Grat mit einem kleinen Abziehstein (Körnung 4000 bis 8000) ab. Man setzt den Stein mit der gerundeten Schmalseite an und macht Züge in Schneidenlängsrichtung.

Keinesfalls darf man den Stein flächig aufliegen lassen, da er sonst die Geometrie des leicht gewölbten Blatts verändern würde!

Polieren Sie mit dem Abziehstein auch die Fasenflächen, bis eine absolut gratfreie Schneide vorliegt. Bei der Prüfung des Gangs sollten Sie berücksichtigen, dass traditionelle Bonsaischeren ein relativ großes Spiel haben. Ihre Schneidwirkung wird, in Abhängigkeit von den Anforderungen, durch den manuellen Gegendruck an den Halmen beeinflusst. Sollten Sie dennoch den Gang nachjustieren wollen, so machen Sie sanfte Hammerschläge auf den Nietkopf, wobei der Nietfuß auf einer Ambossfläche aufliegt. Gehen Sie dabei äußerst vorsichtig vor, da eine zu straffe Vorspannung nicht rückgängig gemacht werden kann!

Der feinkörnige Diamantschärfer liegt auf der breiten Fase der Bonsaischere plan auf.

Mit der Schmalseite eines kleinen 8000er Multiformsteins wird der Grat beseitigt.

Zum Justieren des Gangs klopft man sehr vorsichtig auf den Nietkopf.

Heckenscheren

Die im Detail anspruchsvolle Konstruktion ist wohl dafür verantwortlich, dass die Schere für den Heckenbeschnitt erst relativ spät, Anfang des 17. Jahrhunderts, in Gebrauch kam. Mit der wachsenden Beliebtheit der Hecke als Zier- und Gestaltungsmittel in barocken Parkanlagen verdrängten die Scheren die bis dahin als Beschnittwerkzeuge gebräuchlichen Sicheln und Messer.

Das Schärfen einer hochwertigen, hohlgeschliffen Heckenschere wollen wir an der japanischen Buchsbaumschere erläutern. Zerlegen Sie die Schere und entfernen Sie Harzreste mit warmer Seifenlauge, um das Verstopfen der Schärfmittel zu vermeiden. Wie allgemein bei japanischen Schneidwerkzeugen üblich, weist der Anschliff keine Mikrofase auf. Entsprechend dem Beanspruchungsprofil sind bei dieser Schere die Blätter am hinteren Ende stumpfer angeschliffen (28°) als an der Spitze (25°).

(1) Buchsbaumschere (japanisch)

(2) historische Wellenschliff-Heckenschere (vermutlich französisch)

(3) Heckenschere (deutsch)

Setzen Sie das Blatt so auf eine Unterlage, dass die Schneide frei steht und halten Sie es mit der linken Hand fix in dieser Position. Machen Sie mit dem angefeuchteten Diamantschärfer (Körnung 600) geradlinige Schärfstriche quer zur Schneide, wobei Sie dem vorgegebenen Fasenwinkel folgen. Für eine bessere Sichtkontrolle kann man die Fase mit einem Markierstift schwärzen.

Achten Sie bei hohlgeschliffenen Scheren auf geringstmöglichen Abtrag an der Wate (Schneide), um nicht in den Bereich der Hohle zu geraten. Da das Blatt zweischichtig geschmiedet und damit sehr hart ist, bildet sich auf der Rückseite nur ein sehr schwacher Grat.

Nachdem Sie so beide Blätter schrittweise bearbeitet haben, ziehen Sie den Grat auf der Rückseite ab. Dazu macht man mit der gerundeten Schmalseite eines japanischen Multiformsteins (Körnung 8000) oder eines Belgischen Brockens Striche in Schneidenlängsrichtung. Dabei lässt man den Stein plan

Die japanische Heckenschere wird mit Strichen quer zur Schneide geschärft. Die Fasenfläche wurde für eine bessere Sichtkontrolle zuvor mit einem Markierstift geschwärzt.

anliegen. Keinesfalls darf er angestellt werden, da er sonst eine unerwünschte Gegenfase erzeugen würde. Einige wenige Striche sollten genügen.

Polieren Sie mit dem feinen Stein auch nochmals die Fase. Geben Sie abschließend etwas Öl in das Gewerbe und auf die Kontaktflächen und setzen Sie die Schere wieder zusammen. Der Gang muss so eingestellt werden, dass die Schere weich und ohne zu haken arbeitet und über die ganze Länge ein Blatt Papier mit einem glatten Schnitt durchtrennt.

Mit einem Belgischen Brocken zieht man den Grat auf der Hohle ab. Der Stein wird mit der gerundeten Schmalseite längs zur Schneide geführt.

Anwendungs-Tipp

Setzen Sie zum Schneiden stärkerer Zweige den hinteren Teil der Klinge ein. Hier haben Sie eine günstigere Hebelübersetzung und einen robusteren Anschliff.

Buchsbaumkugel schneiden

Kaum etwas erfüllt den Hobbygärtner mit mehr Stolz als perfekt geschnittene Buchsbaumkugeln. In der Lernphase kann eine Schablone behilflich sein, die man sich aus Pappe oder Sperrholz halbkreisförmig aussägt und – an einem Stab mit Klebeband befestigt – drehbar ins Zentrum des Buchsbaums steckt.

Beim freien Schneiden beginnen Sie mit einer waagrechten Planfläche von oben. Arbeiten Sie nun stufenweise in konzentrischen Kreisen von oben bis zum „Äquator" der Kugel. Während Sie sich um die Kugel bewegen, sollten Sie den Blick immer wieder mittig von oben auf das Werk richten. So sehen Sie am besten, ob es symmetrisch ist.

Wählen Sie für Formschnitte einen bewölkten Tag. Ein Schattenwurf ist nachteilig zur Beurteilung der Symmetrie. Verändern Sie die Griffposition nur, falls es notwendig ist und halten Sie die Schere annähernd immer im gleichen Abstand zum Körper. Nehmen Sie pro Schnitt nur wenig Material weg. Ob Sie die untere Hälfte kugelförmig vollenden oder einen zylindrischen Fuß schaffen, obliegt Ihrer künstlerischen Freiheit.

Die Buchsbaumkugel formt man von oben nach unten.

Beim Schneiden stärker ausgewachsener Hecken kann eine Wellenschliff-Schere Vorteile haben. Vor allem kräftigere Zweige werden durch die Wellen am Ausweichen gehindert und nach dem Prinzip des „ziehenden Schnitts“ durchtrennt. Dennoch sind Wellenschliff-Scheren heute nicht mehr weit verbreitet, was nicht zuletzt an der relativ anspruchsvollen Schärftechnik liegt.

Das hier gezeigte historische Modell ist durch die starken Blätter auch für schweren Einsatz geeignet. Darauf deutet auch der sehr stumpfe Fasenwinkel von etwa 60° für beide Blätter hin. Zum Nacharbeiten der Wellen benötigt man ein Schärfmittel, das einen kleineren Radius als das Wellental hat. Gut geeignet ist ein kegeliger Diamantschärfer, günstiger fährt man mit einem selbst gebauten Rundstabschärfer. Kleben Sie dazu Schleifleinen (240er bis 600er Körnung, je nach Zustand der Schere) auf einen Rundstab von passendem Durchmesser (hier 18 mm).

Man zerlegt die Schere und hält das auf einer soliden Unterlage gestützte Blatt in geeigneter Position. Mit dem angefeuchteten Schärfer macht man Züge quer zur Schneide und bearbeitet so den Grund und die Spitzen aller Wellen im vorgegebenen Winkel, bis sich auf der Innenseite ein Grat bildet.

Mit dem Rundstab-Schärfer wird jede einzelne Welle nachgearbeitet.

Der gerade Abschnitt der Schneide, ebenso wie das gerade angeschliffene Gegenblatt, wird mit einer feinen Diamantfeile in gewohnter Weise geschärft. Sie dient auch zum Abziehen des Grats, wobei man die Feile plan an den Innenflächen anliegen lässt und Striche längs zu den Schneiden macht. Schließlich gibt man etwas Öl auf das Gewerbe, setzt die Schere wieder zusammen und genießt das Arbeiten mit diesem charakterstarken Gartenwerkzeug.

Mit der Diamant-Flachfeile trägt man an der Innenfläche den Grat ab und ...

... schärft auf dem Gegenblatt die gerade Fase.

ÄXTE UND BEILE

Obwohl Axt und Beil nicht zum klassischen Werkzeugsatz des Gärtners gehören, wird es wohl kaum einen Geräteschuppen geben, in dem nicht wenigstens ein Handbeil zu finden ist. Es leistet gute Dienste beim Abhacken kleiner Äste oder beim Anspitzen und Zurichten von Pflöcken, Zaunpfählen und Rankhilfen. Seine größere Schwester, die Axt, bietet sich an für Fällarbeiten, das Durchtrennen von Wurzeln oder das Spalten von Feuerholz.

Wegen ihres rustikalen Charakters werden diese nützlichen Werkzeuge oft nicht mit der gebührenden Sorgfalt behandelt. Dabei ist eine scharfe, im richtigen Winkel angeschliffene Schneide und eine verlässliche Einstielung entscheidend für ihren sicheren und effizienten Einsatz.

Abhängig vom Gewerk und Einsatz gab es in vormaschineller Zeit zahllose Axtvarianten, die sich hinsichtlich Schneidenform und Anschliff unterschieden. Heute weisen die meisten Äxte und Beile eine gekrümmte Schneiden-

(1) Haumesser *nata* (japanisch)
(2) Spaltaxt (schwedisch)
(3) Handbeil (deutsch)
(4) kleines Handbeil (schwedisch)

Mit der Diamant-Flachfeile wird die Schneide schrittweise bearbeitet.

ANATOMIE EINES BEILKOPFES

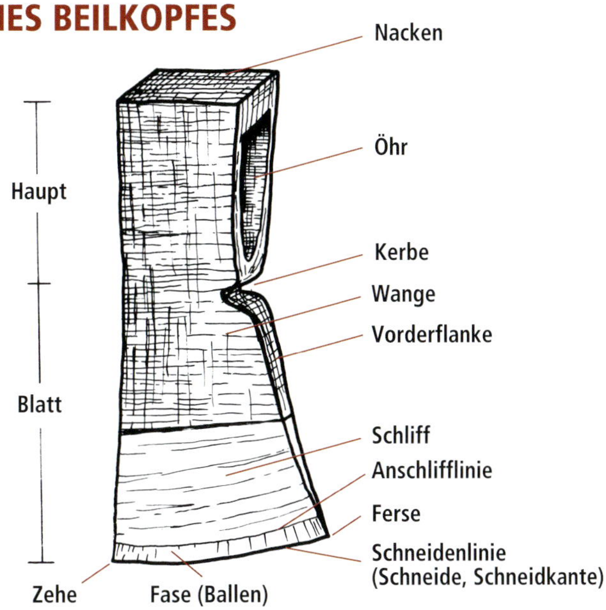

linie mit beidseitigem Anschliff auf. Für den universellen Einsatz und zum Hacken und Spalten von Feuerholz ist die Fase ballig angeschliffen. Man spricht deshalb auch vom „Ballen“. Der Fasenwinkel beträgt etwa 32° bis 35° für Weichholz sowie 35° bis 38° für harte Hölzer und Spaltäxte. Eine Ausnahme bilden die japanischen Haumesser, die in ihrer Heimat zu den gebräuchlichsten Gartenwerkzeugen gehören. *Nata*-Klingen sind in der Regel in Laminattechnik geschmiedet, mit einer sehr harten Schneidlage, die einen flacheren Fasenwinkel von 25° bis 30° verträgt.

SCHNEIDEN- UND ANSCHLIFF-FORMEN BEI ÄXTEN UND BEILEN

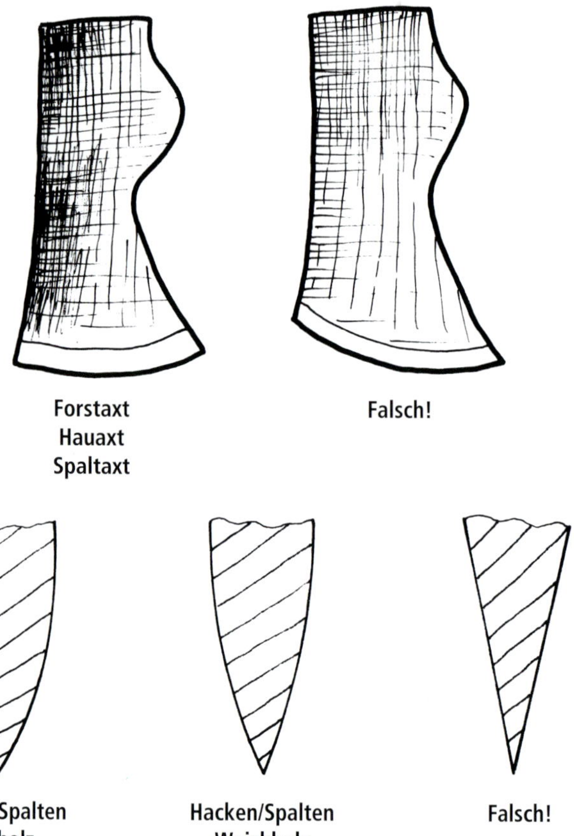

Von einem Hohlschliff der Fase ist bei Äxten generell abzuraten, da er die Schneide schwächt und damit ein Gefahrenpotenzial darstellt. Weiterhin ist beim Schärfen zu beachten, dass die Klingen von Äxten und Beilen zugunsten der Bruchsicherheit nur entlang der Schneide bis zu einer Tiefe von etwa 5 bis 15 mm gehärtet sind. Sobald man durch wiederholten Materialabtrag in die Zone des ungehärteten Grundkörpers gelangt, wird das Werkzeug unbrauchbar. Schärfen Sie daher materialschonend unter Vermeidung von maschinellen Schleifgeräten, die meist einen unnötig hohen Abtrag verursachen!

Gut geeignet zum Schärfen von Äxten und Beilen sind Diamant-Flachschärfer der Körnung 320 bis 1200, wie sie etwa von DMT angeboten werden. Sie sind bruchunempfindlich und so kompakt, dass man sie auch beim Outdoor-Einsatz gut mitführen kann.

Handbeile

Für die Gartenarbeit sind vor allem leichte Einhandbeile mit dünner Klinge vorteilhaft. Zum Schärfen legt man die Klinge mit der Wange auf eine solide Unterlage und fixiert sie in geeigneter Position mit der freien Hand. Bei normalem Verschleiß (stumpfe Schneide, aber ohne Scharten) verwendet man zuerst eine mittlere Körnung 600.

Feuchten Sie den Diamantschärfer mit Wasser an und machen Sie Striche quer zur Schneidenlinie, wobei Sie dem balligen Verlauf der Fase folgen. Sie können in beiden Richtungen Druck aufbringen. Bei korrekter Führung bildet sich auf der Rückseite ein Grat – spürbar mit der von der Schneide weg streichenden Fingerkuppe.

Setzten Sie die Bearbeitung schrittweise fort, bis entlang der gesamten Schneidenlinie ein gleichmäßiger Grat aufgeworfen wurde. Wenden Sie nun die Klinge und bearbeiten Sie die Rückseite in gleicher Weise.

In der Lernphase empfiehlt sich das Schwärzen des Ballens mit dem Markierstift, um die bearbeitete Fläche besser zu erkennen und die Führung des Schärfwerkzeugs zu optimieren.

Nun werden mit einem feinkörnigen Abziehstein oder Diamantschärfer (Körnung 1200) vorhandene Schleifspuren geglättet und der Grat entfernt. Dazu macht man Striche in Längsrichtung der Schneidenlinie. Verringern Sie mit zunehmender Feinheit den Anpressdruck und fahren Sie fort, bis kein Grat mehr spürbar ist. Schließlich kann man den Ballen noch mit einem Leder-Streichriemen bis zum Spiegelglanz auspolieren und damit eine rasiermesserscharfe Schneide erzeugen. Geben Sie auf den Streichriemen etwas Polierpaste und arbeiten Sie von der Fase weg, um die feine Schneidkante nicht abzurunden.

Gratprüfung: Die Daumenkuppe streicht von der Schneide weg über den Ballen.

Abziehen längs zur Schneide mit einem feinkörnigen Abziehstein.

Für genaueres Arbeiten sollte man das Beil kopfnah und mit ziehendem Schnitt führen.

Anwendungs-Tipps

- *Beim Abschlagen von Ästen am lebenden Baum ist es empfehlenswert, von zwei Seiten zu schlagen, um das Einreißen der Rinde zu verhindern. Trennen Sie den Ast stammnah ab.*

- *Verwenden Sie den Beilnacken nur dann zum Schlagen, wenn er gehärtet und das Haupt als Hammerkopf ausgelegt ist. Ansonsten kann sich das Öhr verformen, was zum Lockern des Stiels führt.*

- *Für präzises Arbeiten, etwa beim Anspitzen von Pflanzstäben, sollten Sie das Beil nahe am Kopf führen. Arbeiten Sie nach Möglichkeit mit der Faserrichtung und nach der Methode des „ziehenden Schnitts". Das bedeutet, dass man die Schneide schräg ansetzt und den Schnitt von der Ferse zum Zeh hin führt.*

- *Setzen Sie das Werkstück auf eine Holzunterlage auf, die stabil liegt und nicht prellt. Achten Sie auch darauf, dass sie frei von Sand oder sonstigen Verschmutzungen ist, die der Schneide schaden.*

- *Ein solider, zuverlässig fixierter Leder-Schneidenschutz ist ein Muss, um bei Aufbewahrung und Transport die Schneide vor Beschädigung zu bewahren und Schnittverletzungen vorzubeugen.*

Tipps zum Holzhacken mit der Spaltaxt

- *Verwenden Sie einen schweren und stabil stehenden Hackstock. Für ein sicheres und effizientes Spalten sollte dessen Höhe so abgestimmt sein, dass die Oberkante des zu spaltenden Holzblocks etwa auf Hüfthöhe liegt. Die meisten Hackstöcke sind zu hoch!*

- *Stellen Sie den zu spaltenden Holzklotz mit dem dickeren Ende nach unten auf die jenseitige Hälfte des Hackstocks. So trifft bei einem Fehlschlag die Axt den Hackstock und nicht den Boden oder gar Ihr Bein.*

- *Während Sie den Stiel am hinteren Ende mit beiden Händen und weitgehend ausgestreckten Armen halten, nehmen Sie die richtige Entfernung zum Holzklotz ein. Die Schneide soll den Klotz etwa mittig treffen. Korrigieren Sie den Abstand nur mit den Beinen, nicht mit den Armen. Ausgehend von der mittig auf den Klotz peilenden Schneide führen Sie den Hieb in einem Schwung, ohne Veränderung der Fußposition aus.*

- *Falls die Spaltaxt im Klotz feststeckt, drehen Sie die Axt und schlagen Sie mit dem Nacken auf den Hackstock, nicht mit einem Hammer auf den Nacken.*

- *Achten Sie in Hinblick auf möglicherweise weit streuende Scheite auf eine ausreichend große seitliche Sicherheitszone.*

Für ein sicheres Holzspalten ist die richtige Stellung zum Block entscheidend.

REPARATUR VON SCHNEIDENAUSBRÜCHEN

Ausbrüche an der Schneide sind häufig vorkommende Schäden an Beilklingen. Wenn die Scharten nicht zu tief gehen, also noch im gehärteten Bereich des Klingenkörpers liegen, kann man sie herausschleifen.

Markieren Sie entsprechend der Tiefe der Ausbrüche mit einem wasserfesten Stift eine neue Schneidenlinie. Tragen Sie nun auf einem groben Schleifstein (Körnung 60 bis 220) mit senkrecht stehender Klinge so viel Material ab, bis die Markierung erreicht ist und die Scharten bis zum Grund entfernt sind. Da japanische Wassersteine mit weicher Bindung bei dieser Radikalkur relativ stark leiden, ist die Verwendung eines groben Diamantsteins oder einer Nassschleifmaschine vorteilhaft. Auch ein Bandschleifer ist geeignet, wenn man mit geringem Anpressdruck und häufigem Kühlen arbeitet.

Anschließend wird die Fasenfläche im vorgegebenen Winkel auf dem groben Stein bearbeitet, bis die Schneide wiederhergestellt ist. Auch hier kann eine plan schleifende, wassergekühlte Maschine Zeit sparen. Die neue Anschlifflinie muss parallel zur Schneidenlinie verlaufen. Fahren Sie nun wie beim normalen Schärfen auf den Steinen mittlerer und feiner Körnung fort. Prüfen und entfernen Sie bei allen Bearbeitungsstufen immer wieder den sich auf der Gegenseite bildenden Grat.

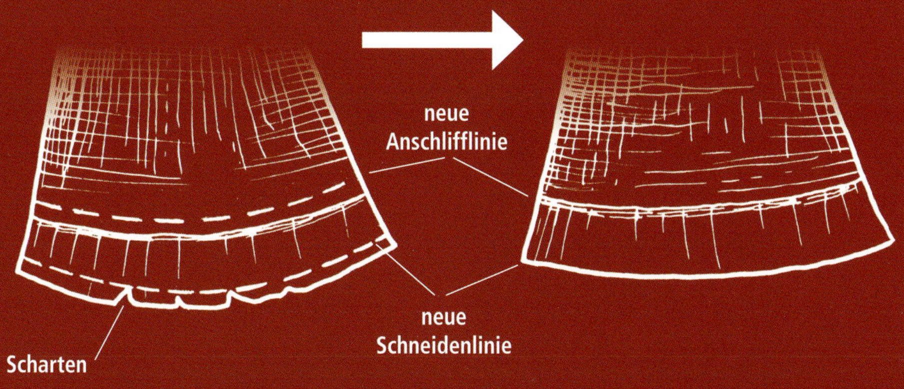

Reparatur von Schneidenausbrüchen: Markieren Sie die neue Schneidenlinie und achten Sie darauf, dass die neue Anschlifflinie parallel dazu verläuft.

DAS EINSTIELEN

Defekte, nicht zum Öhr passende oder angebrochene Stiele von Äxten und Beilen stellen ein erhebliches Gefahrenpotenzial dar und müssen ersetzt werden. Entfernen Sie zunächst Rückstände des alten Stiels, die eventuell vorhanden sind, restlos aus dem Öhr durch Herausbohren oder Austreiben. Säubern Sie die Öhrinnenflächen gründlich mit der Feile.

Achten Sie beim Kauf eines Ersatzstiels nicht nur darauf, dass er hinsichtlich der Größe zum Öhr passt, sondern auch, dass die Jahresringe längs ausgerichtet sind. So federt er am wenigsten und ist am höchsten belastbar. Das Holz muss gut vorgetrocknet sein, so dass der Stiel später nicht nachschrumpft und sich lockert. Als Holzarten sind die zähe Esche oder deren nordamerikanischer Verwandter, das Hickory-Holz, am besten geeignet.

Wählen Sie den Querschnitt so, dass der Stiel am Kopf etwas größer als das Öhr ist und passen Sie ihn mit einem Schnitzmesser oder einer Raspel an. Beachten Sie, dass sich bei manchen Beilen das Öhr zur Mitte hin etwas verjüngt, um einen besseren Sitz zu gewährleisten.

Ein gebrochener Axtstiel ist leicht zu ersetzen. Der Ersatz-Eschenstiel soll „stehende Jahre" aufweisen.

Klopfen Sie den Stiel probeweise mit kräftigen Hammerschlägen ein, wobei der Kopf auf zwei Brettern aufliegt. Das kopfseitige Ende des Stiels sollte etwa 5 mm aus dem Öhr ragen. Der Stiel muss im richtigen Winkel zum Kopf stehen (meist 80° bis 90°). Wenn das nicht der Fall ist, arbeiten Sie mit dem Messer die Passung entsprechend nach. Fertigen Sie aus trockener Esche oder Eiche einen flachen Keil (Keilwinkel etwa 10° auf 0° auslaufend) passender Breite an.

Stechen Sie in das Schlitzende am Stielkopf mit einem Stechbeitel eine kleine V-Nut, damit der Keil einen Ansatz findet. Geben Sie etwas Leim auf den Keil und klopfen Sie ihn mit kräftigen Hammerschlägen so tief wie möglich ein, so dass sich ein strammer Presssitz des Stielendes im Öhr ergibt. Sägen Sie den Überstand mit etwa 2 mm Zugabe ab. Als zusätzliche Sicherung kann man noch einen Stahlkeil quer oder diagonal eintreiben.

Um der Lockerung des Axtkopfes bei Austrocknung und Schwindung vorzubeugen, kann man vor der Montage das Stielende durch seitliche Hammerschläge zusätzlich verdichten. Achten Sie darauf, dabei keine Kerben einzuschlagen, die den Stiel schwächen.

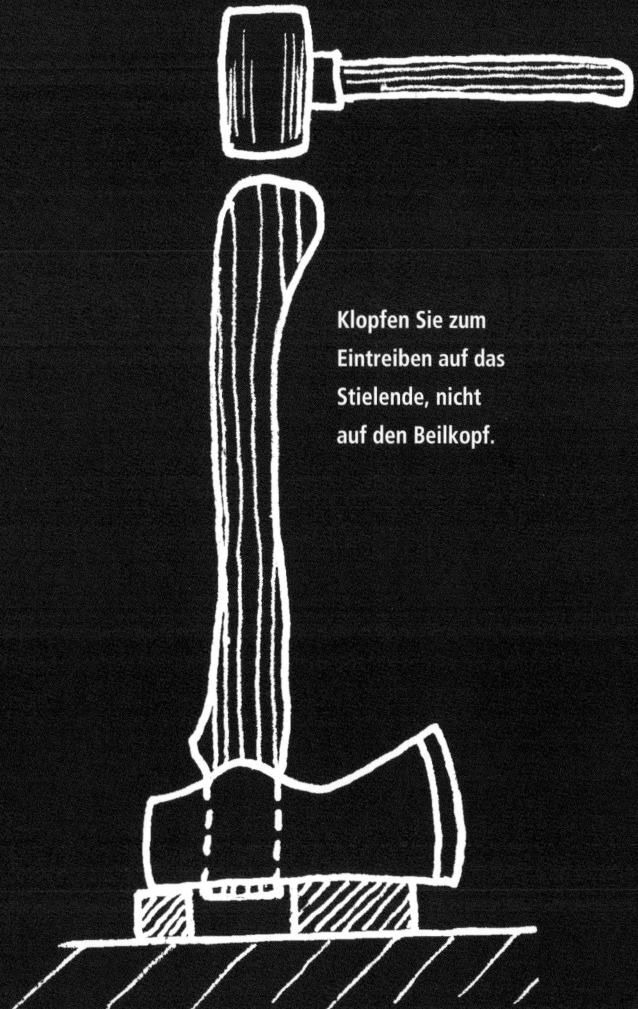

Klopfen Sie zum Eintreiben auf das Stielende, nicht auf den Beilkopf.

Ein lockerer Kopf sollte bevorzugt durch ein tieferes Eintreiben des Querkeils fixiert werden. Wenn das nicht gelingt, kann man noch einen kleinen Trick anwenden: Stellen Sie die Axt mit dem Kopf für ein paar Stunden in ein Gefäß mit Glysantin (Autokühler-Frostschutzmittel), wodurch das Holz aufquillt und in den meisten Fällen ein fester Sitz erzielt wird. Im Gegensatz zum oft praktizierten Befeuchten mit Wasser, das nach der Trocknung seine aufquellende Wirkung wieder verliert, wird mit dem nicht flüchtigen Glysantin eine dauerhafte Expansion erreicht. Die Methode funktioniert genauso bei anderen Werkzeugstielen.

Treiben Sie den Holzkeil soweit wie möglich ein.

Der Stahl-Querkeil dient nur noch als zusätzliche Sicherung.

Gertel

Zu den schlagenden Schneidgeräten zählen auch die Gertel, die je nach Provenienz und Ausführung auch Häpen, Serpen oder Hauen genannt werden. Diese durch ihre hakenförmigen Schneiden charakterisierten Haumesser gehören zu den frühesten und vielseitigsten Werkzeugen für die Pflanzenkultivierung. Durch die alten Römer, die sie nachweislich schon für den Reb- und Baumbeschnitt benutzten, fanden die Gertel auch in den besetzten Gebieten Mitteleuropas weite Verbreitung. Sie wurden beispielsweise zur Gewinnung von Maulbeerlaub für die Seidenraupenzucht, als Erntewerkzeuge, zum Zurichten von Ruten oder Strohbündel und sogar für das Pfropfen bei der Obstbaumveredelung eingesetzt. Das wuchtige Blatt mit progressiver Schnittkraft prädestiniert die Gertel zum Auslichten von Wildwuchs, wobei man mit den langstieligen Modellen selbst Dornengewächsen unbeschadet zu Leibe rücken kann. Die ungewöhnliche Form der Gertel verlangt allerdings bei Nichtgebrauch unbedingt nach einer passenden Hülle, zum Schutz der Schneide, aber vor allem auch der Hände.

(1) Gertel mit gerader und geschweifter Schneide

(2) französische Serpe

Gertel haben am unteren Klingenende meist eine gerade Schneide, die zum Kopf hin hakenförmig ausläuft. Sie sind ähnlich wie Beile ballig angeschliffen, mit einem Fasenwinkel von etwa 25° bis 35°, je nach Einsatzzweck. Den geraden Teil der Klinge kann man, wie für Allzweckmesser beschrieben, mit einem flachen Diamantschärfer bearbeiten. Für den konkaven Teil benötigt man jedoch einen Stein mit Außenradius. Sie können sich auch mit einem runden Holzstab behelfen, den Sie mit feinkörnigem Schleifleinen (Korn 240 bis 360) umwickeln.

Setzen Sie das Blatt so auf eine Unterlage, dass es ruhig liegt und die Schneide freigestellt ist. Schärfen Sie mit Strichen quer zur Schneide, wobei Sie der Krümmung der balligen Fase folgen. Bei korrekter Werkzeugführung bildet sich auf der Rückseite ein leichter Grat, den man mit der Fingerkuppe tasten kann.

Nachdem so schrittweise eine Seite bearbeitet wurde, dreht man die Klinge und schärft die Gegenseite in gleicher Weise. Schließlich zieht man den noch vorhandenen Grat mit Strichen längs zur Schneide beidseitig ab. Dazu eignet sich beispielsweise ein feinkörniger japanischer Multiformstein oder ein Belgischer Brocken. Nachdem man abschließend auf die Klinge noch etwas Rostschutzöl aufgetragen hat, steht dem Einsatz der Gertel als höchst effizientes Rodungswerkzeug nichts mehr im Wege.

Eine ordentliche Schutzhülle ist ein Muss, um Verletzungen an der Gertelschneide auszuschließen.

Mit einem Holzstab, der mit feinkörnigem Schleifleinen umwickelt ist, wird die konkave Schneide geschliffen und anschließend ....

... mit einem Belgischen Brocken in Längsrichtung abgezogen.

SENSEN UND SICHELN

Sensen

Das Mähen mit der Sense ist mehr als eine umweltfreundliche Alternative zum Rasenmäher. Die rhythmische Bewegung in der Natur, angereichert durch den Duft des geschnittenen Grases, erfrischt Körper und Geist zugleich. Durch die geforderte Konzentration, verbunden mit den sich mantraartig wiederholenden Schwüngen, akustisch hinterlegt durch das leise Zischen des Sensenblatts, verlässt die Handmahd den Status einer trivialen Gartenarbeit, um zu einer meditativen Übung zu werden.

Voraussetzung für den ungestörten Genuss ist eine gut abgestimmte, wohl ausbalancierte Sense mit perfekt in der Hand liegendem Sensenbaum, auch „Wurfarm" oder „Worb" genannt. Das wichtigste Element jedoch, ein wirklich schnittiges Blatt, ist zugleich die größte Zugangsbarriere. Denn es muss nicht

(1) Sense (österreichisch) mit handgefertigtem Wurfarm
(2) Sensensichel (tschechisch)
(3) Halbmondsichel (deutsch)
(4) Grassichel (japanisch)

BEZEICHNUNGEN AN DER SENSE

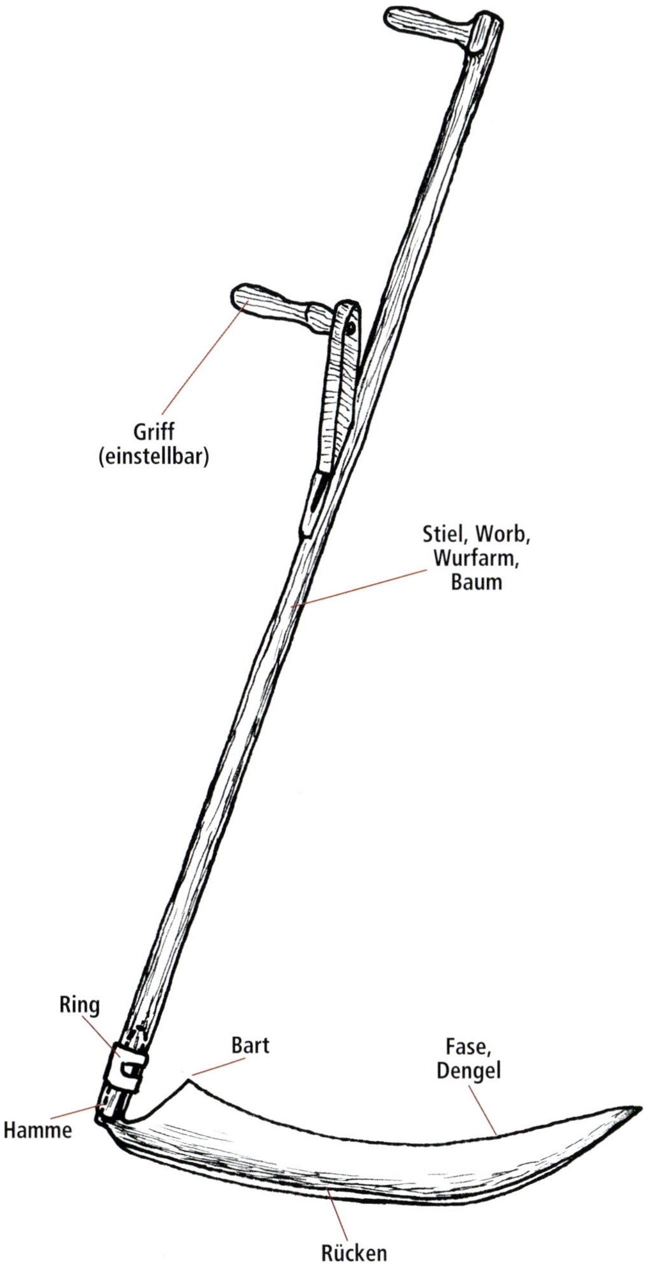

nur regelmäßig gewetzt (geschärft), sondern auch gedengelt werden – eine Technik, die früher in der Land- und Gartenarbeit alltägliche Routine war, heute jedoch zu den vom Aussterben bedrohten Handwerkskünsten gehört. Einer der wenigen Experten auf diesem Gebiet, der sich auch intensiv um die Wiederbelebung der Sensenkultur bemüht, ist der ökologisch orientierte Schreinermeister Günther Friese. Er lässt uns an seinem reichen Erfahrungsschatz teilhaben.

SÄGEBLATT

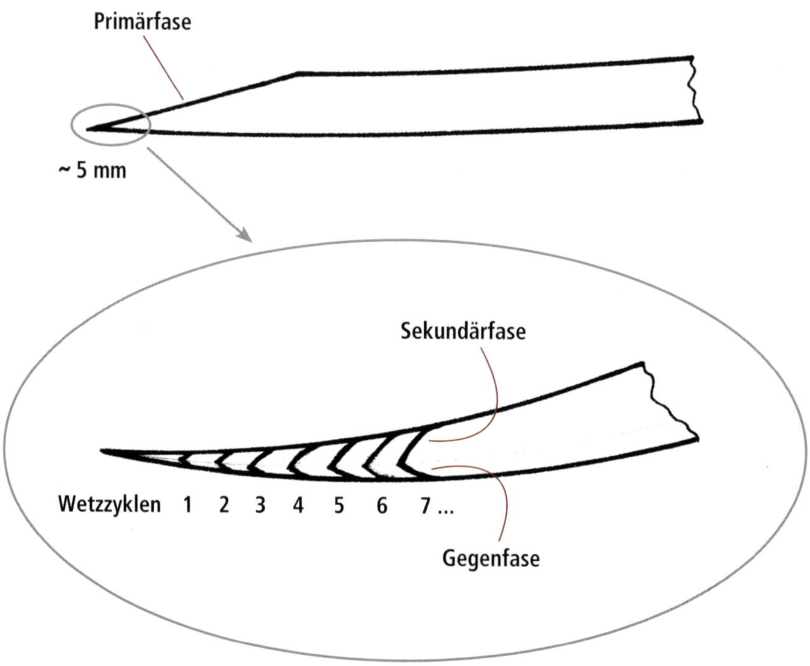

Durch wiederholtes Wetzen (1, 2, 3, 4, 5, 6, 7 ...) wird zunehmend Material abgetragen und die Schneidkante somit immer dicker. Die entstehende Sekundärfase ist deutlich stumpfer als die Primärfase.

Sensen und Sicheln haben sehr dünne Blätter, die an der Schneide (auch „Dengel“ genannt) mit einem extrem flachen primären Fasenwinkel (ca. 6° bis 8°) auslaufen. Durch jeden Schärfvorgang wird am Blatt Material abgetragen, die Schneidkante wird also zunehmend dicker. Zudem entsteht eine Sekundärfase, die stumpfer ist als die Primärfase. Beides bewirkt eine Herabsetzung der Schnittschärfe. Da beidseitig gewetzt wird, entsteht an der Unterseite auch eine Gegenfase. Diese sollte nur schwach ausgeprägt sein.

Dengeln

Durch die Materialverformung beim Dengeln wird das Blatt entlang der Schneide wieder ausgedünnt und zusätzlich verfestigt. So erhöht sich die Standzeit, es lässt sich so besser schärfen, und zudem verringert sich durch die schlankere Fase der Schnittwiderstand.

Man spricht hier von einer Kaltverfestigung: Durch das Hämmern und Umformen von Stahl im kalten Zustand wird das Gefüge feiner, und die Eigenspannungen im Werkstoff erhöhen sich. Dadurch steigt die Härte und Zugfestigkeit, jedoch auch die Gefahr von Spannungsrissen. Das Dengeln, ebenso wie jede andere Kaltverformung, erfordert daher eine gefühlvolle und von Erfahrung geleitete Vorgehensweise.

Wann sollte man dengeln? Auf diese Frage gibt es keine Pauschalantwort. Sie hängt davon ab, was gemäht wird und wie häufig und mit welchem Stein gewetzt wird. Mit zunehmender Dicke der Schneidkante legen sich die Grashalme tendenziell um die Schneide, statt von ihr unmittelbar durchtrennt zu werden. Es muss also spätestens dann gedengelt werden, wenn durch das Wetzen keine gute Schnittleistung mehr zu erzielen ist.

Als Anhaltswert beim Mähen von Gras gilt, dass mindestens einmal pro ganztägigem Gebrauch gedengelt werden sollte. Beim Mähen von Wildwuchs oder im unebenen und steinigen Terrain ist allerdings eine dickere Schneidkante und eine stumpfere Sekundärfase vorteilhaft, so dass hier unter Umständen weniger häufig gedengelt werden muss.

Neue Sensenblätter werden ab Werk in der Regel nicht gebrauchsfertig geliefert. Sie müssen daher anfänglich gedengelt und geschärft werden.

Zum Dengeln benötigen Sie einen Dengelamboss, der spielfrei in einem soliden Sockel sitzt, und einen Dengelhammer. Die Dengeltechniken unterscheiden sich je nach Region und Tradition. Wir stellen Ihnen hier eine Methode vor, die im bayerisch/österreichischen Kulturraum gängig war. Sie zeichnet sich vor allem dadurch aus, dass man auf einem Amboss mit finnenförmiger Bahn mit einem Hammer mit balliger Quadratbahn freihand dengelt.

Daneben gibt es im Handel auch noch diverse Dengelambosse mit Führungen. Der sogenannte „Schlagdengelapparat", bei dem die Schneide an einem Stift anliegt und man mit dem Hammer auf eine Hülse schlägt, soll Anfängern das Dengeln erleichtern. Man ist damit jedoch weniger flexibel, außerdem bewirken die kerbenartigen Eindrücke keine so gleichmäßige Streckung wie beim Freihand-Dengeln.

Bei neuen Blättern müssen Sie zuerst den werksseitig aufgebrachten Schutzlack in einer Breite von etwa einem Zentimeter entlang der Schneidkante mit

(1) selbst geschmiedeter Degelamboss (fest in einem massiven Holzstock verankert, der zugleich als Sitz dient)

(2) käufliche Variante mit Blattauflage

(3) Hammer mit balliger Bahn

einem Schaber oder einer Feilenkante entfernen und die Fläche dann mit 220er Schleifpapier glätten. Die Blätter werden ansonsten wie nachfolgend beschrieben gedengelt.

Bei Blättern, die schon in Gebrauch waren, reinigt man zuerst die Schneide beidseitig mit einem Schleifflies oder einem Rostradierer, um beim anschließenden Dengeln die Hammerschläge deutlicher zu erkennen. Prüfen Sie die Schneide auf Einrisse und Scharten. Wenn diese zu tief gehen (mehr als 5 mm), muss man zuerst die Schneidkante mit einer feinhiebigen Flachfeile oder einem groben Schleifstein bis zum Grund der Defekte abrichten. Mikrorisse oder kleine Kerben sind dagegen der Funktion nicht abträglich, sie werden beim anschließenden Wetzen ohnehin herausgeschliffen. Dellen oder Verwerfungen sollte man soweit wie möglich vor dem Dengeln auf einem flachen Amboss glätten beziehungsweise ausbeulen.

Mit dem „Schlagdengelapparat" dengelt man in zwei Durchgängen mit verschiedenen Hülsen (Grob- und Feindengeln).

Das Blatt muss vor dem Dengeln gereinigt werden.

Günther Friese benutzt einen Amboss, den er aus einer Antriebswelle selbst geschmiedet hat. Er besitzt mehr Masse als käufliche Varianten. Die finnenförmige, leicht ballige Bahn ist gehärtet – der Grundkörper dagegen nicht, um eine gute Dämpfung zu bewirken. Wichtig für den „Zug“ des Ambosses ist auch der feste, spielfreie Sitz im Holzstock, in den er mit der Spitzangel eingetrieben wird. Dessen Höhe und die des Ambosses sind so abgestimmt, dass bei sitzender Position die Bahn etwa hüfthoch liegt.

Auch die Quadratbahn des etwa 600 Gramm schweren Tüllen-Hammers ist leicht gerundet. Alternativ kann man auch einen 570-Gramm-Japanhammer (*genno*) verwenden, der ebenfalls eine ballige Bahn aufweist. Die Bahnen von Hammer und Amboss müssen absolut sauber und glatt sein. Das Blatt wird mit der Unterseite aufgesetzt und mit der linken Hand geführt.

Im Normalfall dengelt man in drei Durchgängen. Die Anzahl der Dengeldurchgänge kann jedoch entsprechend den Erfordernissen variiert werden, etwa vier Durchgänge bei starkem oder zwei Durchgänge bei geringem Korrekturbedarf.

• Beim ersten Durchgang wird im Abstand von etwa 4 bis 5 mm zur Schneide das Material „herausgezogen“, das heißt zur Schneide hin getrieben.

• Beim zweiten Durchgang schlägt man im Abstand von etwa 2 bis 3 mm, wobei die Fase ausgedünnt wird.

Nehmen Sie zum Dengeln eine entspannte Körperhaltung ein.

- Beim letzten Durchgang schlägt man unmittelbar entlang der Schneide, um sie zu härten und fein auszuhämmern. Dabei sollte man die Dichte der Schläge erhöhen und die Schlagkraft etwas reduzieren, da bei diesem Durchgang das Risiko von Einrissen oder Ausbrüchen am größten ist.

Man beginnt am Bart und arbeitet schrittweise nach vorne bis zur Spitze. Bei allen Durchgängen werden die Schläge so dicht nebeneinander gesetzt, dass sich die Hammermarken gut überdecken. Je nach Geometrie von Amboss- und Hammerbahn ergeben sich elliptische Eindrücke von 1 x 3 mm bis 2 x 5 mm.

Entlang der gestrichelten Linien wird gedengelt.

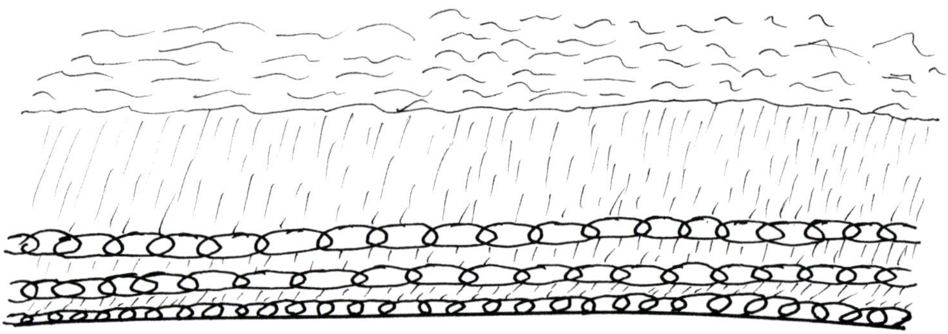

Die Hammerschläge sollen so dicht aneinander liegen, dass sie sich überdecken und insgesamt der Eindruck einer kontinuierlichen Linie entsteht.

Schlagen Sie pro Durchgang immer mit gleicher Kraft und keinesfalls zweimal auf dieselbe Stelle. Schlagen Sie immer mit der Hammerbahnmitte exakt senkrecht auf die Ambossbahn, nicht mit der Kante und nicht schräg! Für eine genaue Hammerführung schwingt nur der Unterarm, ohne Beteiligung des Handgelenks oder des Oberarms.

Um den Abstand zur Schneide möglichst exakt einzuhalten, liegt der Mittelfinger der Führungshand auf der Unterseite als Anschlag an der Ambossfinne an. Die Arbeitsschritte von etwa drei bis vier Zentimetern werden also durch das Umgreifen jeweils nach einer Ambossbreite bestimmt.

Beim letzten Durchgang schlägt der Hammer direkt entlang der Schneidkante, die mittig auf der Ambossfinne aufliegt. Am geplätteten Saum entlang der Kante erkennt man die richtige Hammerführung.

Der Mittelfinger der linken Führungshand dient als Anschlag. Er bleibt während eines Arbeitsschritts unverändert.

Für den Erfolg ist die Konstanz der Schläge und des Vorschubs sowie der genaue Hammertreffpunkt entscheidend. Ein rhythmischer Takt spiegelt sich in einem gleichmäßigen Bild der Hammermarken wieder. Nach dem Dengeln prüfen Sie mit dem Daumennagel durch leichten Druck von unten gegen die Fase, ob die Schneide dünn genug ist. Wenn sie sich über dem Daumennagel leicht wölbt, haben Sie gute Arbeit geleistet. Das Blatt ist nun fertig zum Einbau. Vor dem Mähen muss es nur noch kurz mit einem feinen Stein gewetzt werden.

Um ein Gefühl für die Härte des Schlags und die damit verbundene Verformung zu bekommen, ist es empfehlenswert, zuerst an einem Ausschussblatt zu üben. Variieren Sie die Schlagstärke und beobachten Sie, wie sich das auf die Materialverformung auswirkt oder möglicherweise sogar zu einer Rissbildung führt. Wie für jede handwerkliche Tätigkeit, so gilt auch für das Dengeln: Nur Übung macht den Meister!

Machen Sie die Nagelprobe: Eine gut gedengelte Schneide bildet über dem Daumennagel eine kleine, mitlaufende Welle.

Wetzen

Im Gegensatz zum Dengeln ist das Wetzen eine leichte Übung. Reinigen Sie zuerst das Blatt von Grasresten und Schmutz. Nehmen Sie eine standfeste, bequeme Haltung ein und stellen Sie die Sense senkrecht so vor sich hin, dass Sie auf die Blattunterseite blicken. Das Blatt wird mit der linken Hand am Rücken geführt. Man beginnt mit dem Wetzen am Bart und arbeitet sich zur Spitze vor, wobei man das Blatt mit den Fingern der linken Hand allmählich weiterschiebt. Da das am Boden aufstehende Worbende nicht versetzt wird, neigt man also während des Wetzens die Sense allmählich nach links.

Für das Wetzen sollten Sie wenigstens zwei Sensensteine in der klassischen Schiffchenform zur Auswahl haben: Einen grobkörnigen (Körnung 200 bis 600) für starken Abtrag und notwendige Reparaturen sowie einen feinen (Körnung 1000 bis 2000) für das Nachschleifen während des Mähens. Verwenden Sie nach Möglichkeit Natursteine, die effektiver arbeiten als die meist angebotenen, billigen Kunststeine.

Beim Wetzen wird das Blatt am Rücken geführt und die Schneide mit schnellen Strichen beidseitig bearbeitet.

Für das Abrichten und Herausfeilen von Scharten ist eine Flachfeile mit Einhieb (2-3) vorteilhaft. Sie hinterlässt eine glattere Oberfläche als ein Kreuzhieb. Ein am Gürtel tragbarer Wetzsteinkumpf dient zum Wässern und für die Aufbewahrung.

Der gut gewässerte Wetzstein wird mit der Schmalseite in kurzen, schnellen Strichen, die nur aus dem Handgelenk heraus kommen, abwechselnd vorne und hinten über das Blatt geführt. Um einen möglichst flachen Sekundär-Fasenwinkel, wie er zum Mähen von feuchtem Gras vorteilhaft ist, zu erzeugen, sollte der Wetzstein innerhalb der Blattwölbung geführt werden. Wenn ein stumpferer Winkel, etwa für das Mähen von Wildwuchs und starken Wiesenkräutern, gewünscht wird, führt man den Stein über den Rücken. Die Wahl des günstigsten Sekundär-Fasenwinkels hängt jedoch nicht nur von den Mähbedingungen, sondern auch von Härte des Stahls ab. Er ist aus diesem Grund nur aus der Erfahrung heraus optimierbar.

Geschärft wird vorwiegend die Fase auf der Blattoberseite. Das Wetzen auf der (zu Ihnen hinzeigenden) Blattunterseite dient nur dazu, den jeweils aufgeworfenen Grat zu beseitigen. Deshalb übt man auf der Unterseite weniger Druck aus und stellt den Stein nur minimal an, so dass eine nur schwach ausgeprägte Gegenfase entsteht.

Hochwertige, natürliche Sensenwetzsteine in mindestens zwei Körnungen sind für effizientes Wetzen unverzichtbar:

(1) Gosauer Sandstein, Körnung ca. 400
(2) und (3) Rozsutec, Körnung ca. 1000 und 2000
(4) traditioneller Wetzsteinkumpf aus Kuhhorn

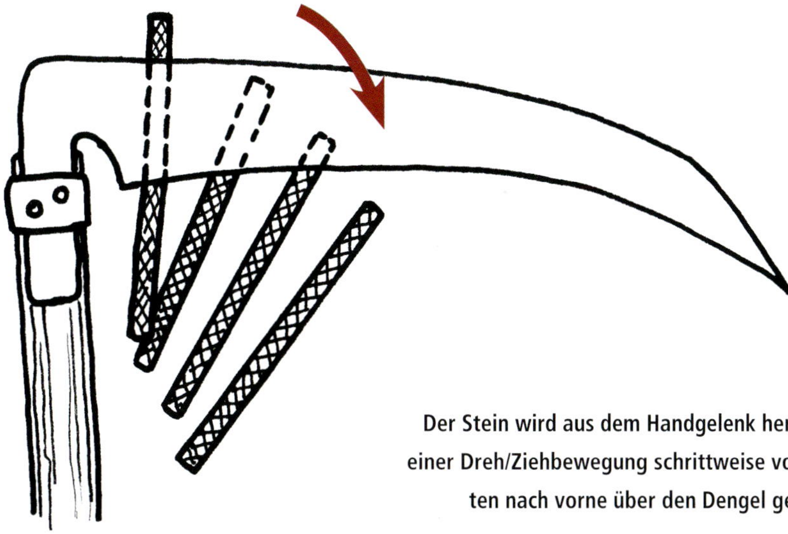

Der Stein wird aus dem Handgelenk heraus in einer Dreh/Ziehbewegung schrittweise von hinten nach vorne über den Dengel geführt.

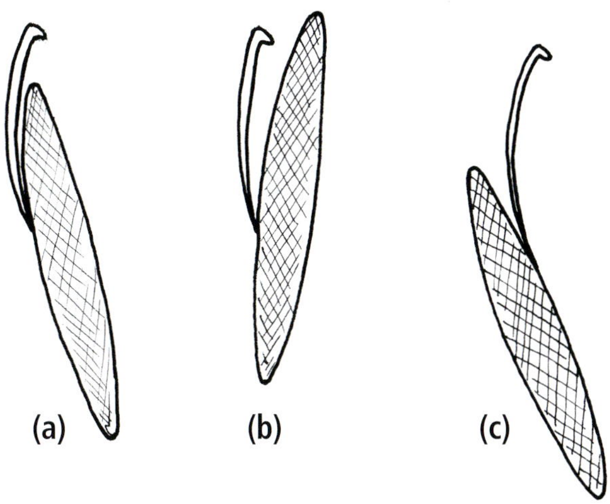

(a) Position des Steins beim normalen Wetzen
(b) Position, falls ein größerer Sekundär-Fasenwinkel gewünscht wird
(c) Position auf der Blattunterseite

Halten Sie beim Wetzen das Blatt mit der linken Hand gut fest, so dass es unter dem Druck des Steins nicht ausweicht.

Die Häufigkeit des Wetzens hängt stark vom Mähgut und den Bodenverhältnissen ab. Erfahrungsgemäß ist häufiges Wetzen, also unmittelbar bei spürbar nachlassender Schnittleistung, besser als zu langes Warten. Wenn man etwa einmal pro 10 bis 20 Mähstriche wetzt, genügt in der Regel ein Durchgang mit dem feinen Stein. Da das Wetzen mit etwas Routine nur eine halbe bis eine Minute dauert, ist der Zeitaufwand also verhältnismäßig gering, im Vergleich zur gewonnenen Schnittleistung.

Tipps zum Mähen mit der Sense

„Die Sense muss tanzen“ ist die Devise von Günther Friese, wenn er barfüßig und locker aus der Hüfte schwingend seiner Lieblingsbeschäftigung nachgeht. Hier gibt er uns ein paar Ratschläge zum perfekten Sensenglück:

Der Worb muss auf die Körpergröße abgestimmt sein und angenehm in der Hand liegen. Bei auf dem Boden aufliegendem Blatt soll der Wurfarm etwa einen Winkel von 30° bis 45° einnehmen.

Einstellung des Anstellwinkels: Das Sensenblatt muss am Befestigungsring so eingestellt werden, dass es bei normaler Mähhaltung fast plan auf dem Boden aufliegt und nur die Schneide leicht nach oben zeigt.

Heben Sie das Blatt beim Mähen nicht an. Lassen Sie es mit dem Rücken aufliegen.

Mähen Sie, abhängig von Ihrer Routine und den örtlichen Verhältnissen, in einer möglichst breiten Bahn, rechts und links gleich weit ausholend. Auf der freien Wiese sollte mit etwas Erfahrung ein mindestens zwei Meter breiter Mähkreis möglich sein. Die Mähstriche sollen parallel verlaufen. Das bei einem Strich gemähte Gras soll auf der Fläche des vorherigen Strichs zu liegen kommen.

Die Sense funktioniert ab besten, wenn die Grashalme in einem möglichst flachen Winkel angeschnitten werden. Lassen Sie also die Sense bogenförmig schwingen und ziehen Sie sie nicht zu sich her.

Einstellung der Blattwinkels: Um den richtigen Winkel des Blatts zum Worb einzustellen, markiert man zuerst die Position des Barts bei senkrecht stehender Sense an einer Referenzfläche und kippt sie dann soweit nach rechts, bis die Blattspitze auf einer Linie senkrecht zur Markierung ist. Die Spitze sollte nun 4 bis 6 cm tiefer liegen als die Markierung.

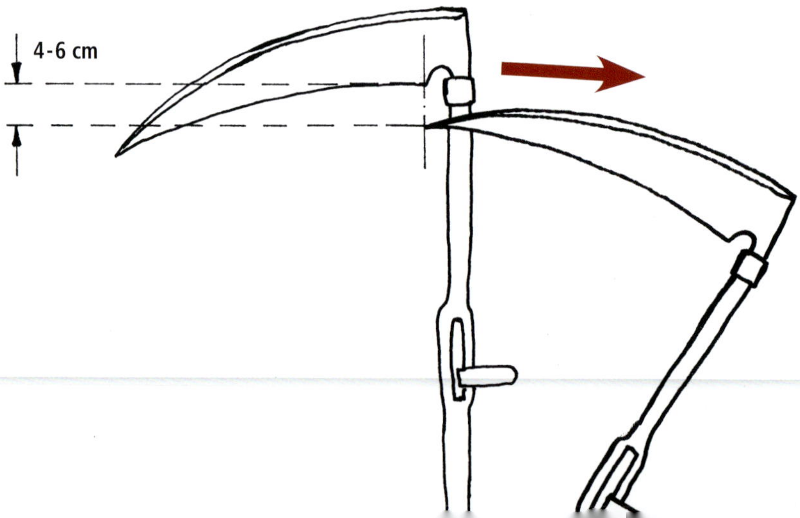

Die Mähbewegung: Mit breitem Stand, der linke Arm leicht angewinkelt, der rechte gestreckt, macht man den Schwung aus der Hüfte heraus.

➡ *Körperhaltung: Man steht relativ breitbeinig und macht die Schwünge aus der Hüfte heraus, ähnlich einer Tai-Chi-Bewegung. Beim Schnitt verlagert man das Gewicht vom rechten auf den linken Fuß, so dass am Ende des Schwungs der rechte Fuß frei ist und um eine Schnittbreite nach vorne geschoben werden kann. In gleicher Weise verlagert man beim Ausholen das Gewicht von links nach rechts, um am Ende den linken Fuß vorzuschieben. Der Ablauf hat den Charakter einer leicht pendelnden Bewegung, verbunden mit einem kontinuierlichen „Vorwärtsschlürfen", ohne Pausen oder Unterbrechungen.*

➡ *Im Zusammenhang mit dem Bewegungsrhythmus steht die Atemtechnik: Atmen Sie beim Schnitt durch den Mund aus und beim Rückschwung tief durch die Nase ein.*

➡ *Trainieren Sie das Barfußmähen. Es vermittelt das beste Gespür für die Geländebeschaffenheit und macht das Mähen mit der Sense zum ganzheitlichen Erlebnis. Kurse zum Umgang mit der Sense und Bauen von Wurfarmen finden Sie unter www.naturwerke-friese.de*

Sicheln

Weit älter als die Sense ist deren kleine Schwester, die Sichel. Als Erntegerät ist sie seit der Jungsteinzeit nachweisbar, und dass sie schon für die gallischen Druiden unverzichtbar war, weiß jeder, der seinen Asterix aufmerksam gelesen hat. Heute führt die Sichel in Mitteleuropa eher ein Schattendasein, was sich nicht zuletzt in der geringen Formenvielfalt und oft auch mäßigen Qualität der Neuprodukte widerspiegelt. In Japan jedoch, wo das bodennahe Arbeiten traditionell eine stärkere Verbreitung hat, gehört die Sichel zu den unverzichtbaren Gartengeräten.

Sensensicheln

Die Sensensichel wird dort eingesetzt, wo die Sense zu unhandlich ist, also an Flurrändern, zwischen Büschen und Einfriedungen. Vor allem für kräftigere Halme und Wildwuchs ist sie gut geeignet, da man mit der freien Hand das Mähgut festhalten und damit besser durchtrennen kann. Da das Blatt ähnlich dem einer Sense aufgebaut ist, wird es auch genauso geschärft. Aufgrund der starken Krümmung sollte man zum Dengeln jedoch einen Amboss mit Rechteckbahn und dazu passend einen Hammer mit Finne verwenden. Bei rauen Bedingungen kann man die Fase im Vergleich zur Sense etwas stumpfer machen und den Aufwand beim Dengeln auf einen Durchgang beschränken.

Halbmondsicheln

Die klassische Halbmondsichel wird nicht gedengelt, sondern nur an der innenliegenden Fase geschärft. Am besten eignet sich dazu ein Kegelstein der Körnung 500 bis 1000 oder ein entsprechender Diamantschärfkonus. Als günstige Behelfslösung kann man sich einen runden Schärfstab aus einem etwa 25 Millimeter starken Holzstab, den man mit einem 600er Schleifleinen umwickelt, selbst herstellen.

Legen Sie die Sichel so auf eine Unterlage, dass die Schneide frei steht und machen Sie Striche im Fasenwinkel, von der Schneide weg. Die richtige Neigung liegt dann vor, wenn man auf der Rückseite mit der Fingerkuppe einen leichten Grat fühlen kann. Bearbeiten Sie so schrittweise die gesamte Schneide und ziehen Sie anschließend mit einem feinkörnigen Multiformstein mit Schleifbewegungen, die der Schneidenkrümmung folgen, den Grat ab.

Das geschweifte Blatt der Halbmondsichel wird von innen schrittweise geschärft, mit Strichen von der Schneide weg. Man benötigt dazu ein konisches oder zylindrisches Schärfwerkzeug, beispielsweise einen Diamantkonus.

Zahnsicheln

Sicheln zum Ernten von Kräutern oder anderen Nutzpflanzen weisen oft eine Zahnung auf, die ihnen eine sägende Wirkung verleiht und das Wegrutschen des Schnittguts unterbinden soll. Diese Blätter werden an der (nicht gezahnten) Rückseite mit einem planen Schärfstein oder Diamantschärfer geschärft.

Den an der gezahnten Fase aufgeworfenen Grat kann man nur beseitigen, wenn man über einen sehr spitzwinkligen Multiformstein oder eine rautenförmige Diamantfeile (wie man sie auch zum Schärfen von Japansägen benutzt) verfügt. Bearbeiten Sie damit jede Zahnnut einzeln mit Strichen von der Schneide weg. Wenn die Nuten verharzt sind, sollte man sie vorher mit einer kleinen Bürste und Seifenlauge reinigen. Noch wirksamer ist das vorherige Einlegen in Terpentinöl.

Gezahnte Sicheln werden zuerst auf der (nicht gezahnten) Rückseite bearbeitet.

Erst das Entgraten jeder einzelnen Zahnnut mit einem scharfkantigen Multiformstein macht die japanische Erntesichel wieder richtig scharf.

Japanische Sicheln (*kama*)

Selbst wenn Sie nicht über einen Zengarten verfügen, werden Sie mit der japanischen *kama* viel Freude haben. Aus zweischichtigem Stahl geschmiedet, durchtrennt sie auch feinste Gräschen völlig widerstandslos und ruft damit Erinnerungen wach an das legendäre Samuraischwert, das angeblich so scharf war, dass es ein den Bach heruntertreibendes Ahornblatt nur durch die Kraft der Strömung zerteilte. Doch selbst die beste Klinge behält beim Gebrauch ihr Schneidvermögen nicht ewig. Die japanische Sichel macht uns allerdings das Nachschärfen leicht, da sie über ein gerades Blatt verfügt, das mit einem kompakten Kombi-Wasserstein (Körnung 250/1000) bearbeitet wird.

Folgen Sie der Originaltechnik, wie sie vom Hersteller für das Schärfen in der freien Natur empfohlen wird: Fixieren Sie den Griff mit dem Fuß, so dass Sie eine Hand frei haben, um das Blatt von hinten zu stützen. Machen Sie dann mit dem diagonal zum Blatt geführten Stein Schärfzüge von der Schulter zur Spitze hin, zuerst mit der groben, dann mit der feinen Seite des Steins.

Um die Hand frei zu haben, darf man beim Schärfen der Japansichel auch schon einmal den Fuß zu Hilfe nehmen.

Wenn Sie den korrekten Anstellwinkel einhalten, spüren Sie mit der Fingerkuppe, dass auf der Rückseite ein leichter Grat aufgeworfen wurde. Ziehen Sie schließlich den Grat mit einem oder zwei Zügen gegen die Schneide ab, wobei man das Blatt über den liegenden Stein schiebt.

Um den Grat abzuziehen, führt man die Klinge diagonal über den liegenden Stein.

Glatte Schnittflächen ohne Ausrisse zeugen von erfolgreichen Schärfbemühungen.

DAS SCHMIEDEN EINES JAPANISCHEN SICHELBLATTS

Schneidende Gartenwerkzeuge entstehen heute überwiegend in automatisierter Fertigung, bei der kaum noch ein Mensch zugegen ist. Mit einer rein maschinellen Bearbeitung lässt sich jedoch nicht die feine Dimensionierung, die ausgewogene Balance und vor allem nicht eine nach der Belastung ausgelegte Stahlstruktur erzielen, wie es das gefühlvolle Schmieden von Hand ermöglicht. Eines der wenigen Länder, wo das Schmiedehandwerk noch lebt, ist Japan. Hier entstehen in kleinen, oft hoch spezialisierten Familienbetrieben Messer, Scheren, Stecheisen und Werkzeuge für die Boden- und Pflanzenbearbeitung, die eines gemeinsam haben: Sie besitzen Charakter.
Meister Koichi Tsurumaki, in der Werkzeugmetropole Sanjo beheimatet, widmet sich der Herstellung von Sicheln (*kama*), die sich unter professionellen Gärtnern großer Wertschätzung erfreuen. Es ist erstaunlich, wie viele Arbeitsschritte sich hinter diesem formal so reduzierten Werkzeug verbergen.

Meister Tsurumaki.

Plättchen aus „Weißem Papierstahl Nr. 2“ (1,1% Kohlenstoff) werden mit Flacheisen laminiert.

Der auf etwa 1000 Grad erhitzte Verbund wird unter dem Federhammer feuergeschweißt, ...

... mit der Schere grob in Form gestanzt und dann ...

... heiß ausgeschmiedet.

Nach dem Spannungsfreiglühen ...

... wird das Blatt bei reduzierter Temperatur ausgedünnt und mit feinfühligen Schlägen (*narashi*) in die endgültige Form gebracht.

Vor dem Härten wird eine kohlenstoffhaltige Tonschlämme aufgetragen.

Durch Erhitzen im flüssigen Blei auf ca. 700°, Abschrecken im Wasser und anschließendes Anlassen bei ca. 270° wird das Blatt gleichmäßig auf etwa 60 Rockwell C gehärtet.

Das Blatt wird auf wassergekühlten Scheiben von zunehmend feinerer Körnung geschliffen und schließlich auf Lederscheiben auspoliert.

Nach der Montage eines Griffs aus unbehandeltem Magnolienholz (*ho*) steht ihrem Einsatz als federleichte, rasiermesserscharfe Grassichel nichts mehr im Wege.

ASTSÄGEN

Überall dort, wo die Schere an ihre Grenzen kommt, also bei dicken oder sehr harten und abgestorbenen Ästen, beginnt die Domäne der Säge. Während traditionell die Bügelsäge mit gespanntem, auf Zug und Druck schneidendem Blatt bei der Gartenarbeit zum Einsatz kam, dominieren seit geraumer Zeit schlanke Sägen mit freistehenden, nur auf Zug schneidenden Blättern. Diese nach ihrem Ursprung meist als „Japansägen" bezeichneten Werkzeuge arbeiten nicht nur schneller, sondern hinterlassen vor allem auch wesentlich glattere Schnittflächen als konventionelle Sägen. Damit ist die Pflanze einem geringerem Risiko für Pilz- und Bakterienbefall ausgesetzt und die unvermeidlich geschaffenen Wunden verheilen schneller.

Eine raue Schnittfläche (links) bietet Mikroben mehr Angriffsfläche als eine glatte (rechts).

Der Grund für die gute Schnittleistung ist die sehr aufwändige Verzahnung mit geringer oder keiner Schränkung. Das stellt zugleich eine gewisse Hürde beim Schärfen dar. Dass jedoch die Blätter von Japansägen bei Verschleiß einfach ausgewechselt und entsorgt werden, widerspricht nicht nur dem Prinzip der Nachhaltigkeit, sondern ist oft auch gar nicht notwendig. Denn das Schärfen dieser Werkzeuge ist weniger schwierig als gemeinhin angenommen, ein minimales Grundwissen über ihre Verzahnungsgeometrie und etwas Übung vorausgesetzt.

Japansägen

Seit mehr als zwei Jahrzehnten finden die schnittstarken Japansägen im Grünholzsektor, ebenso wie allgemein im Holzhandwerk, eine rasante Verbreitung. Japansägen unterscheiden sich nicht nur durch den ziehenden Schnitt und die

Japanischen Grünholzsägen weisen, unabhängig von der Größe und Bauart, eine ähnliche Verzahnungsgeometrie auf:

(1) Baumsäge mit geschweiftem Hakenblatt und Bügelgriff

(2) Astsäge, geschweiftes Blatt mit Räumzähnen, sogenannter „Paloma"-Griff

(3) Astsäge mit Differentialverzahnung (zur Spitze hin zunehmende Zahnhöhe), Hakengriff

(4) Klappsäge

damit dünneren Blätter von ihren westlichen Pendants, sondern vor allem durch ihre wesentlich aufwändigere Verzahnungsgeometrie. So weisen die auf drei Seiten angeschliffenen Trapezzähne formal durchaus eine Ähnlichkeit mit der Spitze des japanischen Schwerts auf.

Die Holzfasern werden beim Ziehen von der Hauptschneide (*shita ba*) ähnlich wie mit einem Messer durchtrennt, beim Zurückschieben unterstützen die Nebenschneide (*uwa me*) und die Rückenschneide (*uwa ba*) zusätzlich die Funktion der Säge. In der Regel sollten alle drei Schneiden mit einer speziellen, rautenförmigen Sägenfeile (siehe Kapitel „Schärfmittel") geschärft werden.

Bevor wir uns an diese Herausforderung wagen, ist noch folgendes zu beachten:

• Die Zahnungen der meisten japanischen Astsägen sind oberflächengehärtet, in der Regel erkennbar an den gebläuten Zahnspitzen. Dabei wird mit einem Laser- oder Stromimpuls nur der Bereich um die Zahnspitzen auf etwa 70 HRC gehärtet, der Blattkörper behält seine Grundhärte von etwa 55 HRC bei. Diese Sägen sind nur mit Diamantfeilen schärfbar. Je nach Abtrag gelangt man nach einigen Schärfgängen in den Bereich der Grundhärte. Doch selbst dann sind die Sägen (wenn auch mit deutlich verminderter Standzeit) noch verwendbar.

GEOMETRIE DER JAPANISCHEN TRAPEZVERZAHNUNG

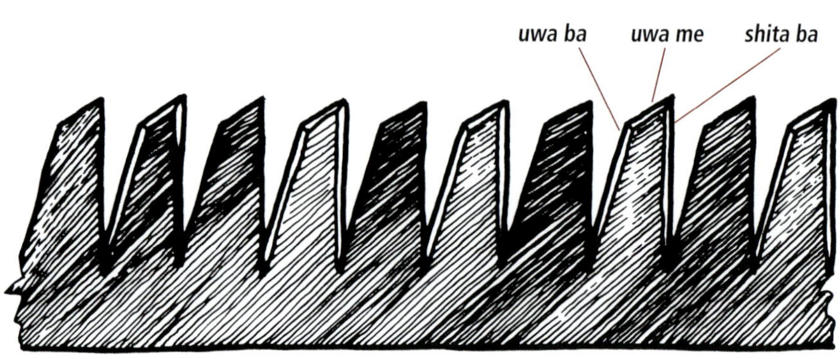

• Viele Japansägen weisen hinterschliffene Blätter auf. Durch die Verjüngung des Blattquerschnitts von den Zahnspitzen zum Rücken hin bekommt man den gleichen Effekt wie durch das Schränken, nämlich eine geringere Reibung in der Schnittfuge. Diese Blätter sind für das Nachschärfen besonders vorteilhaft, da man sie nicht schränken muss.

• Die Zahnreihen sind bei manchen Sägetypen mit sogenannten Räumzähnen durchbrochen, die keine Schneidfasen aufweisen und deshalb auch nicht geschärft werden müssen. Vor den Räumzähnen gibt es oft größere Zahnlücken, die der Spanaufnahme dienen.

Gehen Sie wie folgt vor: Spannen Sie das Blatt mit kurzem Überstand in eine Feilkluppe oder einen breiten Schraubstock mit Schutzbacken ein. Achten Sie auf gute Lichtverhältnisse ohne direkte Sonneneinstrahlung. Feilen Sie zuerst die Hauptschneide an jedem Zahn, der zu Ihnen hinweist (jeder zweite Zahn). Führen Sie die Feile beidhändig, unter Einhaltung des vorgegebenen Fasenwinkels. Kontrollieren Sie nach den ersten Strichen das Ergebnis: Die Fase soll ganzflächig bis hin zur Spitze bearbeitet werden. Ein bis zwei Striche pro Zahn sollten genügen.

Zuerst feilt man bei der Trapezverzahnung die Hauptschneide. Die Diamantfeile arbeitet auf Stoß und Zug.

RICHTIG SCHRÄNKEN

Unter Schränkung versteht man, dass die Sägezähne abwechselnd seitlich auskragen, um eine im Vergleich zur Sägeblattstärke breitere Schnittfuge zu erzeugen. So wird das Klemmen des Sägeblatts verhindert. Denselben Effekt hat das bei einigen Japansägen praktizierte Hinterschleifen des Sägeblatts, was eine Schränkung erübrigt.

Die Schränkung, auch „der Schrank" genannt, soll bei Grünholzsägen das 1/4- bis 1/2-fache der Blattdicke pro Seite betragen, wodurch die Schnittfuge eineinhalb bis zweimal so stark wie das Blatt wird. Sie hängt ab vom Verwendungszweck (Sägen für dünne Äste oder Obstbaumbeschnitt sollen weniger Schrank haben als solche für grobe Fällschnitte) und vom Feuchtigkeitsgehalt des Holzes (hohe Feuchtigkeit erfordert mehr Schrank).

Grundsätzlich sollte man die Schränkung aus zwei Gründen so gering wie möglich ausführen: Zum einen korreliert die Breite der Schnittfuge direkt mit dem erforderlichen Kraftaufwand, zum anderen verursacht ein breiter Schrank eine grobe Schnittfläche und damit eine verzögerte Wundheilung bei der Pflanze. Durch den Abtrag beim Feilen der Zahnung verringert sich auch der Schrank, was nach mehrmaligem Schärfen auch ein erneutes Schränken erforderlich macht. Dazu verwenden Sie am besten eine Schränkzange, an der man die Schrankbreite einstellen kann.

Der Ablauf ist relativ einfach: Setzen Sie die Schränkzange senkrecht zum Blatt auf, ein Anschlag gibt den korrekten Abstand vor. Platzieren Sie den zu schränkenden Zahn mittig unter dem keilförmigen Stößel der Schränkzange, die Spitze am Anschlag anliegend. Durch Betätigung des Griffs drückt ein Stempel das Blatt gegen den Amboss, um es zu fixieren und der keilförmige Stößel gegen die Zahnspitze, die entsprechend der Tiefenanschlag-Einstellung zur Seite gebogen wird.
Üben Sie nicht zu starken Druck aus, der Zahn soll durch den Stößel nicht deformiert werden. Zudem kann zu hoher Druck bei impulsgehärteten Zähnen zu einem Abbrechen der Zahnspitzen führen.

Nach Lösen des Drucks wird der Zahn leicht zurückfedern, abhängig von der Stahlart und Härte. Schränken Sie ein paar Zähne auf beiden Seiten und vermessen Sie das Ergebnis mit der Schieblehre.

Wenn die richtige Einstellung feststeht, schränken Sie auf beiden Seiten jeweils jeden zweiten Zahn. Führen Sie die Zange exakt waagerecht und üben Sie immer den gleichen Druck aus. Überprüfen Sie schließlich die Gleichmäßigkeit der Schränkung durch Peilen entlang der Zahnflanken sowie durch einen Probeschnitt. Falls die Säge zu einer Seite hin verläuft, ist sie auf dieser Seite zu stark geschränkt. Man kann das korrigieren, indem man auf der betreffenden Seite mit einem flach anliegenden Abziehstein entlang der Zahnung streicht.

Mit der Schränkzange schränkt man von beiden Seiten jeden zweiten Zahn, wobei die Zange im rechten Winkel zum Blatt geführt wird.

Beim anschließenden Feilen der Nebenschneide mit ebenfalls einem oder zwei Strichen ist darauf zu achten, dass man nicht mit der hinteren Feilenkante die Hauptschneide des nächsten Zahns beschädigt. Um das zu vermeiden, empfiehlt es sich, eine Kante der Feile leicht abzurunden. Im dritten Durchgang feilen Sie die Rückenschneide in gleicher Weise.

Mit etwas Routine und wenn der Verschleiß nicht stark ist, kann man die Hauptschneide des einen Zahns und die Rückenschneide des davor liegenden Zahns im selben Ansatz feilen – beim Vorwärtsstrich die Hauptschneide, beim Rückwärtsstrich die Rückenschneide.

Wenden Sie nun das Blatt und feilen Sie die verbleibenden Zähne in gleicher Weise. Schließlich kann man die Zahnung noch mit einem Abziehstein entgraten. Legen Sie diesen flach auf das Blatt und machen Sie mit wenig Anpressdruck Striche in Richtung Zahnspitzen. Machen Sie einen Probeschnitt. Falls das Blatt klemmt, muss es möglicherweise noch geschränkt werden.

Achten Sie beim Feilen der Nebenschneide darauf, nicht die (bereits geschärfte) Hauptschneide des dahinter liegenden Zahns zu beschädigen.

Bügelsägen

Die Bügelsäge wird vorwiegend zum Schneiden starker, freistehender Äste oder zum Zerteilen gefällter Stämme eingesetzt. Da das Blatt gespannt ist, kann es relativ dünn (0,5 bis 1,0 mm) sein. Es verfügt in der Regel über eine einfache Dreieckverzahnung, die auf Zug und Druck ausgelegt ist. Das heißt, jeder Zahn ist beiderseits an der Brust schräg angeschliffen, so dass er eine schneidende Funktion hat.

Der Zahnbrustwinkel liegt für Grünholz in der Regel bei etwa 70°. Kleinere Winkel (bis 45°) bewirken einen aggressiveren Schnitt, jedoch auch eine kürzere Standzeit. Größere Winkel (bis 90°) sind der Schnittleistung abträglich.

Der Anstellwinkel, also die Neigung der Zahnbrust gegenüber der Lotrechten, beeinflusst ebenfalls das Schneidverhalten. Je steiler der Zahn steht, umso stärker ist dessen Eingriff. Werte von 15° bis 30° sind typisch. Meist sind die Zahnreihen in Abständen von etwa vier Zähnen noch mit U-förmigen Räumlücken durchsetzt, die dem Abtransport der Späne dienen. Der Zahnbrustwinkel der angrenzenden Räumzähne beträgt in der Regel 90°.

(1) Bügelsäge

(2) Langstiel-Bügelsäge (historisch)

DREIECKSVERZAHNUNG

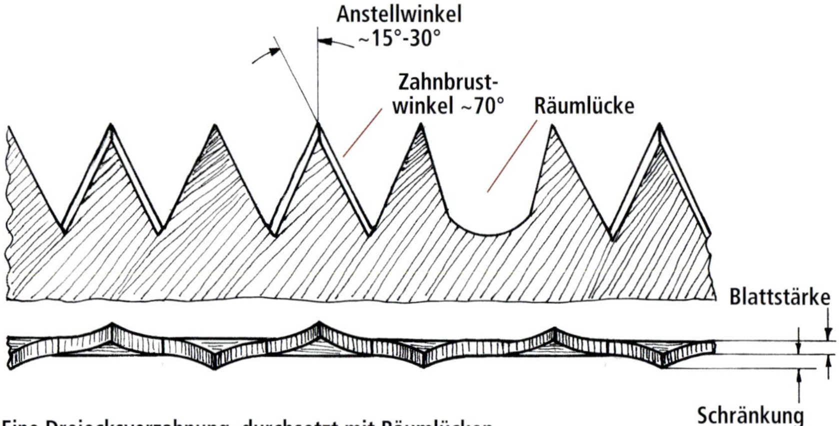

Eine Dreiecksverzahnung, durchsetzt mit Räumlücken, ist die typische Zahngeometrie der Bügelsäge.

Verwenden Sie zum Schärfen eine schlanke, rautenförmige Sägenfeile mit feinem Einhieb oder Diamantbeschichtung. Um keine einseitige Gratbildung zu bekommen, ist es empfehlenswert, von beiden Seiten, also in zwei Durchgängen, zu feilen. Spannen Sie das Blatt mit kurzem Überstand in einem Schraubstock mit breiten Backen oder einer speziellen Feilkluppe.

Aufgrund der besseren Sichtkontrolle und der geringeren Gratbildung ist es empfehlenswert, gegen die Schneide zu feilen. Feilen Sie daher im ersten Durchgang alle Zähne, die zu Ihnen hin zeigen, also jeden zweiten Zahn, an der Zahnbrust im vorgegebenen Winkel. Die Einhiebfeile arbeitet nur auf Schub. Heben Sie beim Zurückziehen die Feile leicht an. Ein bis drei Striche pro Fläche sollten genügen, um wieder scharfe Spitzen zu erzeugen.

Schließlich wendet man das Blatt und feilt von der gegenüberliegenden Seite die noch nicht bearbeiteten Zähne in gleicher Weise, bis alle Abplattungen an den Zahnspitzen beseitigt sind und einwandfreie Schneidkanten vorliegen. Machen Sie einen Probeschnitt. Falls das Blatt klemmt, muss es neu geschränkt werden. Das Schränken erfolgt nach der gleichen Technik wie unter „Japansägen" beschrieben.

Jeder Dreieckzahn wird an Zahnbrust- und Rücken gefeilt. Die Einhiebfeile wird nur auf Stoß geführt.

FEILKLUPPE SELBER BAUEN

Wenn Sie über eine Hobelbank verfügen, empfehlen wir Ihnen den Bau einer praktischen Feilkluppe, die man in die Bankzange der Hobelbank spannt. In der hölzernen Kluppe lassen sich zu schärfende Sägeblätter schonender als im Schraubstock spannen. Zudem hat sie den Vorteil einer größeren Backenbreite. Ein verstellbarer Tiefen-Anschlag verhindert ein Verrutschen des Blatts beim Feilen. Die kräftige, verklebte und verschraubte Ledersohle dient als flexibles Band.

Maße: 190 x 180 x 50 mm (Länge x Höhe x Breite)

Material: Multiplex 13 mm, Leder ca. 5 mm stark

Dicke Äste sägen

Wenn man versucht, einen dicken Ast in einem Schnitt abzutrennen, bricht er meist, bevor er ganz durchgesägt ist und reißt dabei oft ein Stück Stammrinde mit. Diese Verletzung des Baums können Sie mit dem 3-Stufen-Schnitt vermeiden: Sägen Sie zuerst in einem Abstand von etwa 20 cm vom Stamm den Hauptast ab. Dazu machen Sie von der Unterseite einen Einschnitt bis etwa 1/3 der Aststärke (1) und anschließend im Abstand von etwa zwei Zentimetern nach außen versetzt den Trennschnitt von oben (2). Wenn beim Abfallen des Astes die Rinde einreißt, wird sie am Unterschnitt gestoppt. Nun wird das verbleibende kurze Stück in einem Schnitt stammnah („auf Astring") abgetrennt (3), wobei man auch die freie Hand zum Halten zu Hilfe nehmen kann.

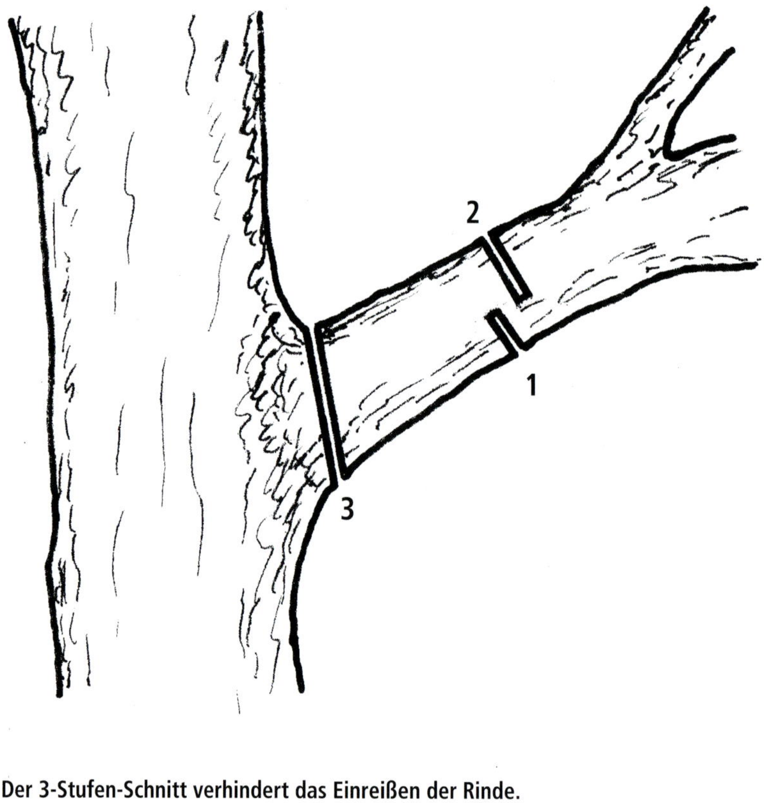

Der 3-Stufen-Schnitt verhindert das Einreißen der Rinde.

HACKEN UND SPATEN

Bei Geräten zur Bodenbearbeitung wird der Schneidkante oft nicht die gebührende Aufmerksamkeit geschenkt. Nicht selten sind die Werkzeuge bereits im Lieferzustand völlig stumpf, was die Arbeit unnötig erschwert. Die Auswirkungen seien an einem Rechenbeispiel erläutert: Die Fähigkeit eines Spatens in den Boden einzudringen, hängt vom Druck ab, der an der Blattschneide durch das Köpergewicht erzeugt wird. Angenommen, Sie wiegen 70 kg, das Spatenblatt ist 165 mm breit und an der Kante 2 mm dick (stumpf). Dann beträgt der Druck, den Sie mit Ihrem Körpergewicht aufbringen können, etwa 0,2 kg pro Quadratmillimeter. Wenn Sie die Kante schärfen, so dass sie nur noch 0,5 mm stark ist, steigt der resultierende Druck an der Kante auf 0,8 kg pro Quadratmillimeter, also das Vierfache – in Anbetracht der Tatsache, dass das Schärfen relativ rasch vonstattengeht, ein leicht verdienter Erfolg!

(1) Sichelhacke
(2) Gärtnerspaten
(3) Einhand-Unkrautjäter
(4) Einhand-Pickelhacke

Selbstverständlich hängt die mögliche Ausdünnung der Schneidkante auch von der Qualität des Stahls ab, also von dessen Härte und der Verarbeitung. In dieser Hinsicht seien die Vorteile von geschmiedeten im Vergleich zu gestanzten Klingen betont. Zum einen verbessern sich durch das Schmieden die Festigkeitseigenschaften des Stahls. Zum anderen kann das Teil beanspruchungsgerecht dimensioniert werden. So kann zum Beispiel ein Spatenblatt an der Kante dünner als am Rücken ausgeführt werden.

Bei häufigem Gebrauch sollte der Spaten regelmäßig mit der Einhiebfeile geschärft werden.

Spaten

Einen Spaten oder eine Schaufel zu schärfen, ist keine große Herausforderung, dennoch sind ein paar wichtige Punkte zu beachten. Ein Blatt aus rostfreiem Edelstahl bearbeiten Sie am besten mit einer hochwertigen Einhiebfeile (Hieb 2, 200 mm). Sie setzt sich nicht so leicht durch den Chromstahl zu wie ein Schärfstein und liefert dennoch eine ausreichende Oberflächengüte. Zudem ist sie bruchfest und deshalb gut für den mobilen Einsatz geeignet. Widerstehen Sie der Versuchung, dem Blatt mit dem Winkelschleifer oder Bandschleifer zu Leibe zu rücken. Dabei wird meist unnötig viel Material abgetragen, zudem überhitzt der Stahl und verliert seine Härte.

Die Kante darf nur von innen angefast werden, damit das Blatt beim Eindringen in den Boden nicht verläuft. Zu empfehlen ist eine ballige, das heißt leicht gerundete Fase mit einem Winkel von etwa 25° bis 45°, je nach Beanspruchung und Bodenverhältnissen. Legen Sie das Blatt auf einer festen Unterlage oder dem gebeugten Oberschenkel so ab, dass die Kante frei liegt und fixieren Sie es mit der linken Hand in dieser Position. Die Feile setzen Sie im vorgesehenen Neigungswinkel an der Kante an und machen leicht bogenförmige Striche von der Kante weg.

Am effektivsten ist es, die Feile so zu führen, dass die Zähne etwa im rechten Winkel zur Kante verlaufen. Bearbeiten Sie auf diese Weise die ganze Blattbreite, bis sich auf der Rückseite ein leichter Grat aufwirft. Ziehen Sie diesen mit ein paar Feilstrichen längs zur Schneide ab, wobei die Feile am Blattrücken nahezu anliegt.

Machen Sie regelmäßiges Schärfen zu einer Routine. Es bringt Abwechslung in die Arbeit und belohnt Sie mit einer besseren Funktion.

Tipps für das Arbeiten mit dem Spaten

Der Spaten als Schneidwerkzeug: Ein scharfer Spaten bringt nicht nur beim Graben und Umstechen Vorteile. Man kann ihn auch behelfsmäßig zum Abstechen von Unkraut einsetzen oder als Schneidwerkzeug zum Aufschlitzen des Düngersacks oder Ablängen einer Kordelschnur.

Lockerer Stiel: Viele Spatenstiele sind in der Tülle vernietet. Falls sich diese Verbindung durch das Schrumpfen des Holzes lockert, hilft ein Trick: Gießen Sie etwas Glysantin (Kühlerfrostschutz) in die Tülle. Es wird vom Holz aufgesaugt, das sich dadurch dauerhaft ausdehnt und mit der Tülle wieder eine feste Verbindung eingeht (Wasser ist ungeeignet, da es wieder verdunstet).

Rückenschonende Arbeitsweise: Wenn Sie mit der Schaufel Material bewegen oder beim Umgraben mit dem Spaten Erde anheben und werfen, gehen Sie zuerst in die Knie und machen dann die Hebebewegung aus den Beinen heraus. Die Arme bleiben dabei gestreckt. So haben Sie mehr Kraft und schonen gleichzeitig Ihren Rücken.

Pickelhacke

Die Pickelhacke ist ein äußert nützliches Gerät zum Entfernen von Unkraut, Wurzelresten oder Steinen und zum Aufbrechen von dichten Böden. Während man den Pickel vorwiegend zum Freilegen einsetzt, eignet sich das Hackenblatt auch gut für das Jäten und zum Abtrennen von Wurzeln und Wildwuchs. Dazu muss es zum einen gehärtet und zum anderen ausreichend scharf sein. Für einfache Anforderungen reicht die Bearbeitung mit der Einhieb-Schärffeile (Hieb 2). Eine höhere Güte erzielt man jedoch mit dem feinkörnigen Diamant-Klappschärfer.

Legen Sie die Klinge auf eine Unterlage, so dass die Schneide frei steht und bearbeiten Sie die Kante unter Einhaltung des Fasenwinkels. Er liegt bei 30° bis 45°, je nach Beanspruchung. Wenn sich auf der Innenseite ein durchgehender Grat gebildet hat, ziehen Sie diesen mit Strichen längs zur Schneide ab. Zum Schärfen der Pickelspitze verwendet man am besten die Feile, da bei dieser Anwendung die Diamantbeschichtung zu sehr leiden würde. Überprüfen Sie bei dieser Gelegenheit auch den festen Sitz des Kopfes auf dem Stiel und klopfen Sie bei Bedarf den Keil nach.

Die Schaufel der Pickelhacke wird nur von außen geschärft.

Unkrautjäter

Ob Sie Blumenrabatten anlegen oder Gemüse kultivieren – einen Garten zu bestellen, bedeutet auch immer, gegen das Unkraut zu kämpfen. So omnipräsent Löwenzahn, Ackerwinde und Co auch sein mögen, ausgestattet mit einer scharfen Hacke und einer guten Portion Hartnäckigkeit werden Sie den Feind im Zaum halten.

Als besonders vorteilhaft für dicht bepflanzte Beete hat sich der japanische Einhand-Jäter erwiesen. Mit seiner dünnen, beiderseits spitz auslaufenden Schaufel lassen sich die Unkräuter dicht unter dem Boden gut packen und herausreißen. Zudem lässt sich das zweischichtig geschmiedete Blatt hervorragend schärfen, so dass es leicht durch den Boden gleitet und dünne Wurzeln problemlos kappt.

Man geht ähnlich wie bei der Pickelschaufel vor: Legen Sie den Jäter so auf eine Holzunterlage, dass die Klinge frei steht und halten Sie ihn in dieser Position mit der linken Hand fest. Die Schneide wird nur von außen geschärft. Der Fasenwinkel liegt bei etwa 25°. Bei normalem Verschleiß genügen wenige

Wenige Striche mit dem Diamantschärfer genügen, um die Schneide des japanischen Unkrautjäters wieder aufzufrischen.

Striche mit dem angefeuchtetem Diamantschärfer, bis sich auf der Rückseite ein Grat gebildet hat. Beseitigen Sie diesen mit Strichen längs zur Schneide, wobei Sie die feinkörnigen Seite des Schärfers oder einen Abziehstein einsetzen.

Achten Sie bei der Bearbeitung darauf, die beidseitigen scharfen Ecken nicht abzurunden. Man benötigt sie zum Ausziehen des Unkrauts sowie für die Feinarbeit in Spalten und Ritzen. Größere (Zweihand-) Jäter, wie die zuvor abgebildete Sichelhacke, werden in der gleichen Weise geschärft. Geben Sie auf Carbonstahlklingen nach dem Schärfen und bei der Aufbewahrung immer etwas Rostschutzöl.

Tipps zum Jäten

Am effektivsten jätet man bodennah mit einem Einhandjäter. Knieend oder hockend kann das Werkzeug präzise führen und mit der freien Hand Sämlingspflanzen weghalten. Vermeiden Sie das Arbeiten mit krummem Rücken.

Wichtig ist auch der Zeitpunkt: Man muss jäten, bevor die Samen der Unkräuter reifen, da ansonsten durch die Samenverbreitung der gegenteilige Effekt erzielt wird. Rhizome bildende Unkräuter müssen sehr früh gekappt werden, bevor sie Blätter treiben. Unkräuter, die Wurzelknollen bilden, sollen vor der Blütezeit gekappt werden, wenn die Knollen am schwächsten sind.

MOTORWERKZEUGE

Kettensägen

Für den sicheren und effizienten Einsatz der Motorsäge ist eine gut geschärfte Kette notwendig. Sie verringert nicht nur die auf die Säge wirkenden Kräfte, sondern erleichtert auch deren Führung. Deutliche Zeichen einer stumpfen Kette sind nachlassende Sägeleistung, Rauchentwicklung, verlaufender Schnitt (ungleiche Zahnreihenhöhe) und ein unruhiger, ratternder Schnitt (unter Umständen durch eine falsche Tiefenbegrenzer-Justierung). Kontrollieren Sie die Kettenglieder auch nach jedem Gebrauch auf sichtbare Defekte.

Das Schärfen von Hand erfordert nur wenige Hilfsmittel und geht relativ schnell. Zudem hat es den Vorteil, dass in der Regel weniger Material von der Kette abgetragen wird als beim maschinellen Schärfen und damit ihre Lebensdauer verlängert wird.

Hilfsmittel für das Schärfen von Kettensägen:
(1) magnetische Feillehre
(2) Markierstift
(3) Tiefenlehre
(4) Flachfeile für Tiefenbegrenzer
(5) Rundfeilen für Zähne
(6) Feilführung (optional)

Schärfen Sie die Kette nicht erst, wenn die Zähne völlig stumpf sind, sondern bereits bei geringem Verschleiß. Dann genügen wenige Feilstriche pro Zahn, und der gesamte Zeitaufwand beträgt nicht mehr als zehn Minuten.

Mit dem Schärfen sollte auch eine Kontrolle des Schwertzustands verbunden werden. Demontieren Sie dazu das Schwert und reinigen Sie die Führung und die Schienennut, um eine gute Schmierung der Kette sicherzustellen.

Putzen Sie die Zähne zunächst mit einem Lappen, da durch anhaftendes Öl die Feile schlechter greift. Falls die Kette bereits mehrmals geschärft wurde und die Zähne sich deutlich in der Länge unterscheiden, suchen Sie mit Hilfe einer Schieblehre den kürzesten Zahn und markieren Sie ihn mit einem wasserfesten Stift. Die Zähne sollten nach dem Schärfen etwa gleich lang sein, der kürzeste ist demnach der „Richtzahn". Spannen Sie das Schwert so in einem Schraubstock, dass die Kette frei läuft und der kürzeste Zahn mit der Schneide von Ihnen weg weist.

Spannen Sie die Kette so stark, dass sie sich beim Schärfen nicht verstellt oder kippt, jedoch noch von Hand verstellen lässt (das ist eine höhere Spannung als im Betriebszustand.) Setzen Sie die magnetische Feillehre an das Schwert an. Wählen Sie nach den Vorgaben des Herstellers die für die jeweilige Kette und Zahnteilung passende Rundfeile. Ihr Durchmesser sollte geringfügig kleiner als die Aussparung am Zahn sein.

Setzen Sie die Feile horizontal und im vorgegebenen Fasenwinkel (in der Regel 30°) am ersten (kürzesten) Zahn an. Orientieren Sie sich an den Markierungen auf der Lehre. Machen Sie gleichmäßige Feilstriche, wobei Sie die Feile leicht nach oben drücken, um tendenziell die Zahnspitze und nicht den Zahngrund zu bearbeiten.

Kontrollieren Sie anhand des Abtrags an der Zahnflanke und der Gratbildung, ob die Feilführung korrekt ist. Je nach Verschleiß sollten zwei bis fünf Striche pro Zahn genügen. Schieben Sie die Kette um zwei Zähne weiter und feilen Sie so jeden zweiten Zahn (der ersten Zahnreihe), immer von der Schneide weg. Achten Sie darauf, etwa gleiche Zahnlängen entsprechend dem Richtzahn zu erzielen.

Befeilen der Zähne in dem durch die Feillehre vorgegebenen Winkel von 30°, von der Schneide weg.

Nach dem Umspannen wird die zweite Zahnreihe befeilt.

Prüfen des Tiefenanschlags.

Spannen Sie nun das Schwert um 180° gedreht ein, um die restlichen Zähne (zweite Zahnreihe) in gleicher Weise zu schärfen. Prüfen Sie, ob die Zähne die gleiche Länge wie bei der ersten Zahnreihe aufweisen. Falls nicht, machen Sie auf der Seite mit längeren Zähnen jeweils ein bis drei Feilstriche mehr pro Zahn oder verstärken Sie den Anpressdruck, um die Zähne anzugleichen.

Prüfen Sie anschließend mit der Tiefenlehre, ob der Abstand von der Zahnspitze zum Tiefenbegrenzer noch korrekt ist, entsprechend den Vorgaben des Herstellers. Falls er zu knapp ist, bearbeiten Sie nun mit einer Einhieb-Flachfeile (Hieb 2-3) die Anschlagzapfen des Tiefenbegrenzers. Die Feile sollte gerundete Kanten mit glatten Schmalseiten haben, um die Zähne nicht zu beschädigen. Auch hier dürften ein bis drei horizontal geführte Striche pro Zapfen genügen.

Befeilen der Tiefenanschlagzapfen.

Während Sie nun die Kette wieder mit der für den Betrieb richtigen Spannung einstellen, sollten Sie das Schwert nach oben drücken, um das Spiel herauszunehmen. Die Kette sollte (mit geöffneter Kettenbremse) noch leicht von Hand verschiebbar sein, jedoch nicht durchhängen. Mittig sollte sie nur geringfügig (2 bis 3 mm) von der Lauffläche anzuheben sein. Tragen Sie für diese Kontrolle Schutzhandschuhe, um Verletzungen an den scharfen Zähnen zu vermeiden. Machen Sie einen Probelauf und kontrollieren Sie anschließend erneut die Kettenspannung. Die Säge ist nun wieder betriebsbereit.

Elektrische Heckenscheren

Nicht erst bei nachlassender Leistung, sondern bereits, wenn die dünnen Spitzen der Thujenhecke dem Schnitt ausweichen, statt gekappt zu werden, sollte eine Elektro-Heckenschere geschärft werden. Dazu muss zuerst das Schwert mit den beiden Blättern ausgebaut werden. Das vereinzelt praktizierte Nachfeilen der Zahnung im eingebauten Zustand empfehlen wir nicht, da es arbeitstechnisch ungünstig ist und ein Abziehen des Grats erschwert. Zudem kann man nach dem Ausbau des Schwerts alle Gleitflächen inklusive des Getriebes sorgfältig reinigen, prüfen und schmieren.

Nach dem Abschrauben der Abdeckung können Sie das Schwert entnehmen. Achten Sie darauf, dass keine Kleinteile verloren gehen. Ein Foto vom offenen Antrieb hilft, beim Zusammenbau keine Fehler zu machen und nichts zu vergessen. Zum Schärfen der gezahnten Blätter verwenden Sie am besten einen feilenförmigen Diamantschärfer. Zum einfachen Nachschärfen genügt eine mittlere Körnung (600). Zum Herausschleifen von kleinen Kerben sollte man zuerst mit grober Körnung (320) vorarbeiten und in einem zweiten Durchgang den Feinschliff machen.

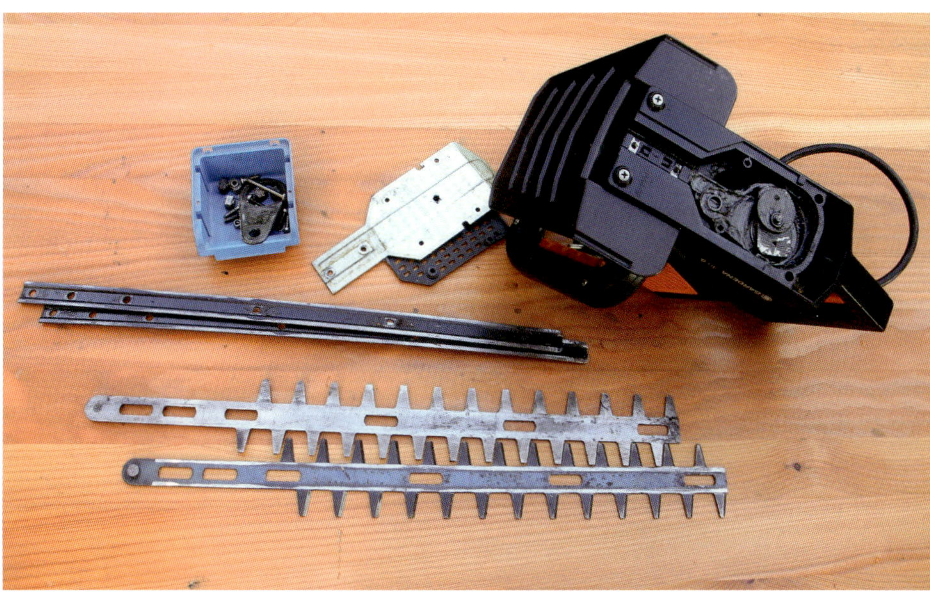

Das Schwert der Heckenschere sollte zum Schärfen der Blätter demontiert werden.

Reinigen Sie das Blatt mit einer Bürste und warmer Seifenlauge gründlich. Vor allem dürfen keine Harz- oder Fettreste verbleiben, die die Feile verstopfen würden. Legen Sie das Blatt so auf eine Tischkante, dass die Zähne frei stehen und fixieren Sie es mit der freien Hand oder mit einer Zwinge. Es werden nur die Fasen im vorgegebenen Winkel (meist 28° bis 33°) bearbeitet.

Legen Sie den befeuchteten Schärfer auf die Fasenfläche auf und machen Sie geradlinige Striche unter Vermeidung von Kippbewegungen, die eine ballige Fläche erzeugen würden. Sowohl beim Schub als auch beim Zug kann Druck aufgebracht werden. Es genügen in der Regel wenige Stiche pro Zahn.

Überprüfen Sie die Gratbildung auf der Rückseite. Es sollte über die ganze Zahnlänge ein leichter Grat spürbar sein. Nachdem so beide Blätter bearbeitet wurden, dreht man sie um und zieht die Grate auf der Rückseite ab. Dazu verwendet man am besten einen breiten Diamantschärfblock mittlerer Körnung (600), den man plan auf der Gleitfläche aufliegen lässt. Alternativ kann man auch mit der Diamantfeile die Zähne einzeln entgraten.

Die Zähne werden mit dem Diamantschärfer mit Strichen quer zur Schneide geschärft.

Bevor Sie nun das Schwert wieder zusammenbauen, fetten Sie alle Gleitflächen und das Getriebe. Besonders wirkungsvoll sind Fette mit (schwarzen) Festschmierstoff-Additiven (Graphit oder MoS_2), die selbst bei Trockenlauf noch eine Notschmierung gewährleisten. Erneuern Sie die selbstsichernden Muttern und ziehen Sie diese nur so fest, dass das Blatt nicht klemmt. Das oszillierende Blatt muss leicht und reibungsfrei auf dem Gegenblatt gleiten, ohne jedoch fühlbares Spiel zu haben. Geben Sie auf die Schwertoberfläche abschließend etwas Rostschutzöl, das zugleich dem Anhaften des Pflanzenharzes vorbeugt.

Reinigen Sie die Heckenschere nach jedem Gebrauch durch Abbürsten mit Seifenlauge und lassen Sie sie nach einem erneuten Auftrag von Rostschutzöl nochmals kurz laufen.

Zum Abziehen der Grate an den rückseitigen Zahnkanten geht man mit dem flach aufliegenden Diamantblock in Längsstrichen über das Blatt.

Rasenmäher-Messer

Das rotierende Messer des Rasenmähers leidet vor allem durch Kollision mit Fremdkörpern, wie Steine, Erdhaufen oder Hölzchen. Wir sollten mit dem Schärfen nicht warten, bis der Schnitt unsauber wird und sich das Gras um die Schneidkante des Messers legt. Ausgefranste Enden an den Grashalmen sind anfällig für Keime, die dem Wuchs abträglich sind und möglicherweise zu einer Verödung führen.

Stellen Sie vor dem Demontieren des Messers durch Ziehen des Netzsteckers oder Zündschlüssels sicher, dass der Mäher nicht unbeabsichtigt startet. Reinigen Sie das demontierte Messer gründlich. Grasreste und Verharzungen lassen sich mit einer Wurzelbürste und warmem Wasser, dem etwas Geschirrspülmittel zugegeben ist, entfernen.

Falls die Schneide nicht nur stumpf ist, sondern auch tiefe Kerben aufweist, ist ein Grundschliff erforderlich. Am besten eignet sich dazu eine wassergekühlte Schärfmaschine, beispielsweise das Tormek-System.

Ein scharfes Rasenmäher-Messer ist eine wichtige Voraussetzung für einen gesunden Rasen.

Stark beschädigte Schneiden muss man einem Grundschliff unterziehen.

Auf der sich von der Schneide weg drehenden, langsam laufenden Schärfscheibe der Tormek-Maschine ist ein freihändiges Schärfen des Rasenmäher-Messers kein Problem.

Sie können beim Grundschliff den Fasenwinkel des Rasenmäher-Messers nach Ihren Gegebenheiten etwas variieren. Beispielsweise gibt Ihnen eine um 3° stumpfere Fase bereits eine deutlich robustere Schneidkante – bei geringen Abstrichen beim Schneidvermögen. Denselben Effekt hat eine entsprechende Mikrofase. Schneidtechnisch sinnvoll (jedoch anspruchsvoller zu realisieren), ist ein von innen nach außen zunehmender Fasenwinkel, entsprechend dem Beanspruchungsprofil beim rotierenden Messer (beispielsweise innen 25°, außen 30°).

Aufgrund der einfachen Schneidengeometrie ist ein freihändiges Schleifen (ohne Stütze oder Einspannvorrichtung) auf einem Wasserstein, der sich von der Schneide weg dreht, die effektivste Methode. Setzen Sie das Messer im Fasenwinkel auf und machen Sie unter Beibehaltung des Winkels kontinuierliche Querbewegungen entsprechend der Schneidenbreite.

Mit einem Diamantschärfer mittlerer Körnung lässt sich ein stumpfes, jedoch unbeschädigtes Rasenmäher-Messer innerhalb weniger Minuten nachschärfen.

Unwuchtkontrolle: Die beiden Flügel des Messers müssen sich die Waage halten.

Arbeiten Sie mit wenig Anpressdruck, unter wiederholter Kontrolle des Schliffbilds, bis sich über die gesamte Schneidenlänge ein gleichmäßiger Grat gebildet hat. Aufgrund der ungleichen Beanspruchung (höhere Schnittgeschwindigkeit und Schnittleistung mit zunehmendem Abstand vom Drehpunkt) ist das Messer meist außen stärker in Mitleidenschaft gezogen als innen. Achten Sie dennoch darauf, dass Sie eine gerade verlaufende Schneidkante erzeugen. Bearbeiten Sie die Schneide auf dem gegenüberliegenden Flügel analog.

Alternativ können Sie auch einen Diamantschärfer oder einen japanischen Wasserstein mit 220er bis 500er Körnung verwenden. Da die Messer der meisten Rasenmäher nicht sehr hoch gehärtet sind (maximal 55 HRC), könnte man sie auch mit einer feinen Flachfeile bearbeiten, was jedoch in der Regel zu einer starken Gratbildung führt. Die Schneiden sind auf der Oberseite in einem Winkel von 27° bis 32° angefast, die Unterseite ist plan.

Achten Sie darauf, auf beiden Seiten etwa gleich viel Material abzutragen, um keine Unwucht zu erzeugen, die zu einem unruhigen Lauf und einer verstärkten Lagerbeanspruchung führen würde. Für eine einfache Kontrolle, ob die beiden Flügel in der Waage sind, kann man das Messer mit der Mittelbohrung auf einem horizontal gehaltenen Schraubenzieherschaft aufsetzen. Wenn es sich zu einer Seite hin neigt, müssen Sie auf dieser Seite noch Material abtragen.

Ziehen Sie anschließend den aufgeworfenen Grat mit einem planen Wasser-Blockstein der Körnung 2000 bis 6000 oder einem feinkörnigen Diamantschärfer ab. Bearbeiten Sie die Fase und Rückseite mit mehreren Strichen in Schneidenlängsrichtung, wobei man den Stein auf der Rückseite flach aufliegen lässt.

Der auf der Rückseite aufgeworfene Grat muss mit einem plan aufliegenden Abziehstein oder Diamantschärfer restlos entfernt werden.

Zur Prüfung streichen Sie mit der Fingerkuppe von der Schneide weg über die bearbeitete Fläche, es darf von beiden Seiten kein Grat mehr spürbar sein.

Geben Sie vor dem Einbau noch etwas Rostschutzöl auf das Messer und das Gewinde der Befestigungsschraube. Nun steht der perfekten Rasenpflege nichts mehr entgegen!

Prüfen Sie das Ergebnis der Entgratung mit der von der Schneide weg streichenden Fingerkuppe.

EIN WENIG THEORIE

Was passiert beim Schnitt?

Beim Gebrauch können wir intuitiv ein stumpfes von einem scharfen Werkzeug unterscheiden. Doch wovon hängt eigentlich die Schärfe einer Klinge ab?

Das Entscheidende beim Schnitt spielt sich im Mikrobereich ab: Unser „Schneidgut", die Pflanzen, besteht aus Fasern, die in einer Matrix gebunden sind. Mit einer scharfen Schneide werden die einzelnen Fasern durchtrennt, wobei eine glatte Fläche zurückbleibt. Beim stumpfen Werkzeug jedoch legen sich die Fasern um die Schneide und vergrößern damit den Radius an der Schneidkante. Es kommt zu einer Materialverdichtung und Erhöhung der Zugspannung, bis die Fasern schließlich reißen und eine unsaubere Oberfläche zurückbleibt.

SCHÄRFE-VERGLEICH

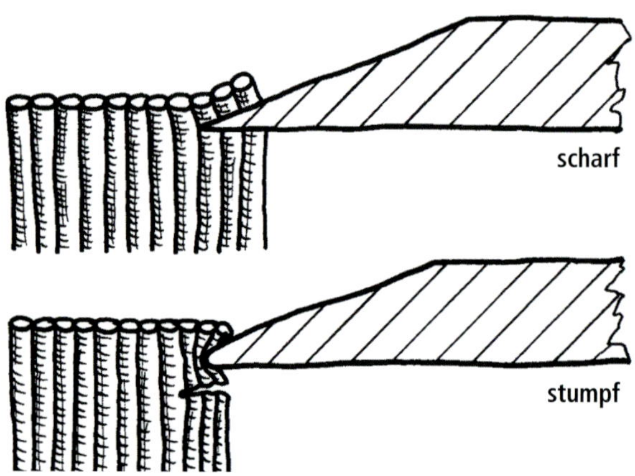

Bei stumpfer Schneide werden die Fasern nicht durchtrennt, sondern zerrissen.

SCHNEIDE MIT MIKROFASE

(stark vergrößert)

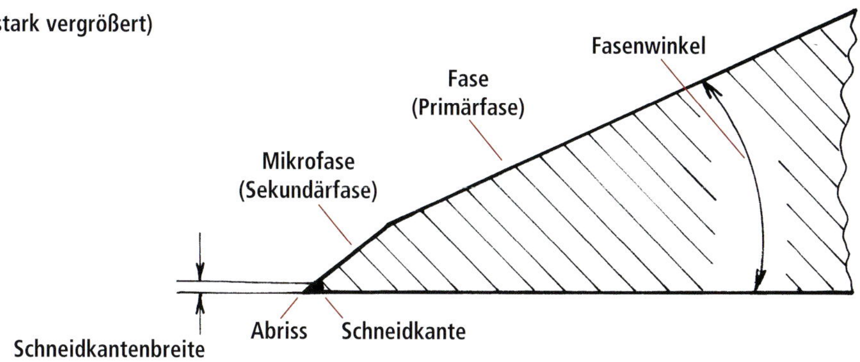

Das Schneidvermögen, also die Schärfe, hängt entscheidend von zwei Faktoren ab:

• Breite der Schneidkante: Die Scheide ist definiert durch das Aufeinandertreffen zweier Ebenen, der Fasenflächen einer Klinge. Je perfekter diese „Verschneidung" ist, umso dünner ist die an der Spitze zurückbleibende Schneidkante. Der theoretische Idealfall, eine Atomgröße, ist jedoch in der Praxis nicht realisierbar. Bedingt durch Gitterfehler, die Körnigkeit des Stahls sowie des Schleifmittels reißt der Werkstoff irgendwann ab. Die besten Werte für die Schneidkantenbreite weisen Rasierklingen auf. Sie liegen bei 0,5 µm (das sind 0,0005 mm).

• Schneidenwinkel: Den Winkel, den die beiden Ebenen der Schneide einschließen, wird als „Schneidenwinkel", oft auch als „Schneidwinkel", bei einseitigem Anschliff auch als „Fasenwinkel" bezeichnet. Je flacher dieser Winkel ist, umso geringer ist die Schnittkraft, die dem Vorschub des Werkzeugs entgegenwirkt.

Doch auch der Verringerung des Schneidenwinkels sind technische Grenzen gesetzt. Je nach Härte, Stahlart und Beanspruchung wird sich die Schneide bei zu flachem Winkel entweder umlegen oder ausbrechen. Als Kompromiss haben sich für die meisten Pflanzenschnittwerkzeuge Schneidenwinkel von 15° bis 28° bewährt. Es gibt allerdings zum Umgehen dieser Einschränkung einen kleinen Trick, den wir meist intuitiv anwenden: Den sogenannten „ziehenden Schnitt“. Dabei wird die Schneide nicht gedrückt, sondern in einer ziehenden Bewegung durch das Schnittgut geführt. Technisch betrachtet hat das den gleichen Effekt wie eine Verkleinerung des Schneidenwinkels und damit auch der Schnittkräfte.

Um der Schneide mehr Stabilität zu geben, wird zusätzlich zur primären Fase oft eine zweite, schmale Fase in einem etwas stumpferen Winkel (+ 2° bis 5°) angeschliffen. Man bezeichnet diese, etwa 0,5 bis 1 mm breite Sekundärfase auch als „Mikrofase“.

Was passiert beim Schärfen?

Beim Schärfen bemühen wir uns, an der Fasenfläche (bei beidseitigem Anschliff an beiden Fasenflächen) Material so abzutragen, dass sich wieder eine möglichst perfekte Verschneidung der beiden Flächen ergibt. Dabei gilt es, zwei Herausforderungen zu bewältigen:

- Den vorgegebenen oder gewünschten Fasenwinkel möglichst genau einzuhalten. Gleichmäßige Schärfbewegungen, eine genaue Sichtkontrolle und vor allem eine häufige Kontrolle der Gratbildung mit den Fingerspitzen sind der Schlüssel zum Erfolg.

- Den an der Schneide entstehenden Grat zu beseitigen. Beim Schärfen werden nicht nur feinste Späne abgetragen, der Stahl wird an der Schneide auch immer ein wenig verformt – es bildet sich an der gegenüberliegenden Schneidkante ein Grat. Er ist in der Regel nicht mit dem bloßen Auge sichtbar, jedoch mit der Fingerkuppe deutlich spürbar, wenn man von der Schneide weg streicht. So kann auch während des Schärfens der gleichmäßige Kontakt des Schleifsteins mit der Schneidkante geprüft werden.

Da sich der Grat im Gebrauch umlegt und die Klinge dadurch schnell wieder abstumpft, müssen wir die Klinge nach dem Schärfen entgraten. Für diesen Vorgang, auch „Abziehen“ genannt, benutzen wir einen feinkörnigen Stein, den wir seitlich entlang der Schneidkante ziehen, bis beiderseits kein Grat mehr spürbar ist.

ENTGRATUNG IST WICHTIG

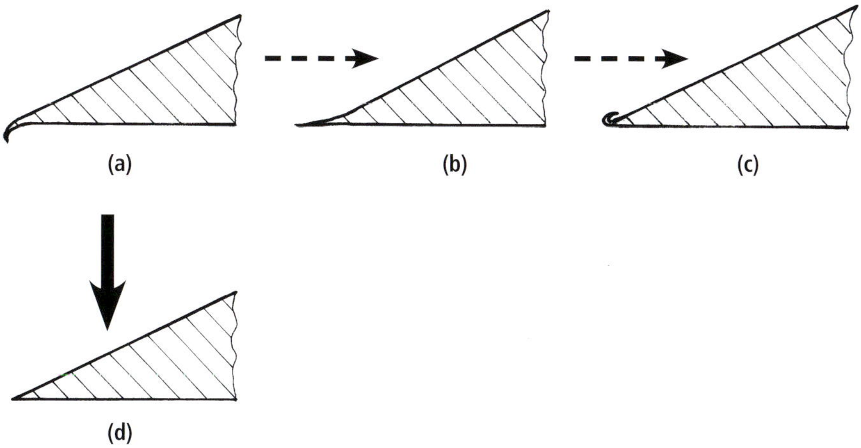

Wenn beim Abziehen der Grat (a) nicht entfernt, sondern nur ausgerichtet wird (b), legt er sich im Gebrauch wieder um, die Schneide wird schnell wieder stumpf (c). Dagegen wird durch einen Abtrag des Grats eine stabilere Schneidkante erzeugt (d).

Stahlhärte und Gratbildung

Je weicher der Klingenstahl ist, umso ausgeprägter wird der Grat, der sich beim Schärfen bildet. Um ihn beim Abziehen zuverlässig zu beseitigen, benötigt man einen Abziehstein mit möglichst scharfen Schleifpartikeln, beispielsweise einen Belgischen Brocken, japanischen Kunststein oder sehr feinkörnigen Diamantschärfer. Ein minderwertiger Abziehstein würde den Grat nicht abtragen, sondern lediglich verformen, was zur Folge hat, dass er sich beim nächsten Schneidvorgang wieder umlegt.

Die Gratbildung können Sie beim Schärfen minimieren, wenn Sie mit wenig Anpressdruck arbeiten. Abzuraten ist generell vom Trockenschärfen mit Schleifmaschinen. Die damit verbundene Erhitzung macht den Stahl weicher – mit der Folge, dass ein noch stärkerer Grat aufgeworfen wird.

KLEINE STAHLKUNDE

Ob Scheren, Sägen oder Messer – die Klingen von schneidenden Werkzeugen werden seit mehr als zwei Jahrtausenden fast ausschließlich aus Stahl geschmiedet. Stahl ist eine sogenannte „Knetlegierung", also eine durch Schmieden oder Walzen formbare Eisenlegierung, die durch ihren Gehalt von 0,2% bis 1,7% Kohlenstoff gehärtet werden kann. Zum Härten wird der Stahl über die sogenannte Umwandlungstemperatur (bei Kohlenstoffstahl 780° C) erhitzt, dann in Öl oder Wasser abgeschreckt und schließlich bei einer niedrigeren Temperatur (180° bis 300° C) angelassen, um einen bestimmten Härtewert einzustellen. Man darf beim Schärfen keinesfalls die Anlasstemperatur überschreiten, da der Stahl sonst seine Härte verliert.

Gefüge

Wie bei allen Metallen, so handelt es sich auch bei Stahl um einen kristallinen Werkstoff. Seine Matrix, man spricht auch von Gefüge, besteht aus Bereichen homogener Kristallite, die man auch als „Körner" bezeichnet. Die Eigenschaften des Stahls werden ganz wesentlich durch seine mittlere Korngröße bestimmt: Kleine Körner ergeben ein homogenes Gefüge mit guten mechanischen Festigkeitswerten (Bruchfestigkeit, Kerbschlagzähigkeit, Schärfbarkeit und Standzeit bei Schnittstählen). Eine Verfeinerung des Korns lässt sich durch Zugabe bestimmter Legierungselemente sowie durch Normalglühen, Härten und bei bestimmten Stählen auch durch eine Tieftemperaturbehandlung erzielen.

Schmieden

Einen wesentlichen Einfluss auf die mechanischen Eigenschaften hat die Umformtechnik. Durch sorgfältiges Schmieden bei nicht zu hohen Temperaturen wird das Gefüge homogener, zudem kann eine sogenannte „Textur" erzeugt werden. Dabei wird das Gitter entsprechend der Beanspruchung ausgerichtet, vergleichbar mit den Fasern beim Holz. Man spricht deshalb (fachlich nicht ganz korrekt) auch von „Faserstruktur".
Ein qualitätsbewusster Schmied wird beispielsweise einen Axtkopf so formen, dass das Gitter im Bereich des Blatts in Längsrichtung gestreckt ist, um eine hohe Bruchfestigkeit zu erzielen. An der Schneide jedoch lässt er die „Fasern" zugunsten einer guten Schneidkantenstabilität quer verlaufen. Leider sind geschmiedete Klingen – man erkennt sie an den Hammermarken und beanspruchungsgerechter Dimensionierung (unterschiedliche Blattstärke) – heute eher zur Seltenheit geworden.

Härte

Die Härte von Schnittstählen wird in der Einheit Rockwell C (HRC) angegeben. Zur Prüfung wird ein Diamantkegel in den Werkstoff eingedrückt, der Härtewert korreliert mit der Eindringtiefe. Die Schnitthaltigkeit einer Klinge nimmt mit ihrer Härte zu. Auch die Schärfbarkeit verbessert sich, da die Gratbildung abnimmt. Leider verschlechtert sich mit zunehmender Härte die Zähigkeit des Stahls, wodurch es bei hoher Belastung eher zu Scharten oder sogar zu Klingenbrüchen kommen kann. Als Kompromiss zwischen Härte und Bruchfestigkeit sind die meisten schneidenden Gartenwerkzeuge auf Härtewerte von 55 bis 60 HRC angelassen.

Legierungselemente

Die Feinkörnigkeit, Zähigkeit, Korrosionsfestigkeit und das Standvermögen des Stahls lassen sich durch Zugabe von bestimmten Legierungselementen (Chrom, Mangan, Wolfram, Molybdän, Vanadium etc.) beeinflussen. So erhält man beispielsweise durch Zugabe von 13% Chrom einen rostbeständigen Stahl. Dieser ist jedoch nicht sehr hoch härtbar und relativ grobkörnig, weshalb die Mehrzahl der Werkzeuge für den Pflanzenschnitt aus niedrig legiertem (nicht rostfreiem) Kohlenstoffstahl hergestellt werden. Für Bodenbearbeitungswerkzeuge (Hacken, Spaten, Gabeln etc.) ist dagegen rostbeständiger Stahl durchaus eine Alternative, zumal er sich gut polieren lässt und damit leicht in den Boden eindringt.

PFLEGE DER WERKZEUGE

Rostschutz

Wie bereits erläutert, können die meisten Gartenwerkzeuge aus Gründen der geforderten Härte und Schnitthaltigkeit nicht aus rostfreiem Stahl hergestellt werden. Rost ist jedoch nicht nur ein optischer Makel, sondern auch der Funktion der Gartengeräte abträglich. An fein ausgeschliffenen Schneiden führt er verstärkt zu Ausbrüchen und Scharten, Scherengelenke macht er schwergängiger und steigert den Verschleiß, an Hacken und Spaten vergrößert er die Reibung und erhöht die Haftung von Erdresten.

Reinigen und trocknen Sie deshalb das Werkzeug nach jedem Gebrauch und ölen Sie es mit einer dünnen Schicht Rostschutzöl ein. Achten Sie darauf, dass das Öl säurefrei, nicht harzend und bei Kontakt des Werkzeugs mit Speisepflanzen (Erntemesser, Weinlesescheren etc.) auch lebensmittelecht ist. Zu empfehlen sind Ballistol sowie das aus den Blättern des gleichnamigen Baums gewonnene Kamelienöl. Diese dünnflüssigen Öle eignen sich auch für das Schmieren von aufeinander gleitenden Teilen, zum Beispiel der Gelenke von

Lebensmittelechte Öle sind ideal zur Pflege von Gartengeräten.

Scheren oder den Federn von Klappmessern. Auf die Arbeitsflächen schneidender Werkzeuge darf man generell keine mineralischen Öle (Motorenöl, Petroleum etc.) auftragen, da sie die pflanzliche Wundheilung beeinträchtigen können.

Lagern Sie Ihre Werkzeuge möglichst trocken. Vermeiden Sie es, Klappwerkzeuge (Klappmesser, Klappsägen) feucht zusammenzuklappen oder Werkzeuge in noch feuchtem Zustand in ein Etui zu stecken.

Entrostung

Rost ist ein Oxidationsvorgang, bei dem die angegriffene Stahloberfläche einen unwiederbringlichen Substanzverlust erfährt. Auch sogenannte „Rostumwandler" können diesen Prozess nicht rückläufig machen. Sie wandeln vielmehr eine weniger stabile oder poröse Oxidschicht in eine stabilere Phase um, etwa Fe_2O_3 in Eisenphosphat (Fe_3PO_4).

Flugrost, Anlaufschwärzungen und hartnäckige Verschmutzungen beseitigen Sie am besten mit einem sogenannten „Rostradierer". Unter Zugabe von etwas Wasser wird die Fläche ähnlich wie mit einem Radiergummi bearbeitet, bis sie

Der Rostradierer ist das effektivste Mittel zur Entfernung von Rost und fest haftenden Verschmutzungen auf Werkzeugoberflächen.

wieder blank ist. Durch seine Flexibilität passt sich der Radierer auch krummen Flächen an. Verschiedene Körnungen von unterschiedlicher Abtragwirkung erlauben eine schonende Reinigung. Ersatzweise kann man auch wasserfestes Schleifleinen von mittlerer bis feiner Körnung (160 bis 300) benutzen. Ölen Sie anschließend das Werkzeug, um es vor erneutem Rostbefall zu schützen.

Reinigung

Normale Verschmutzungen lassen sich mit warmem Wasser, dem etwas Spülmittel beigegeben wird, und einer Wurzelbürste beseitigen. Verharzungen an Messern, Scheren oder Sägeblättern beseitigt man durch mehrstündiges Einlegen des Werkzeugs in Balsamterpentinöl und anschließendes Bürsten mit einer Messingbürste. In hartnäckigen Fällen kann man auch den Rostradierer zu Hilfe nehmen.

Griffe pflegen

Die Plastifizierung unserer Güterwelt hat leider auch vor den Griffen für Handwerkzeuge nicht Halt gemacht. So haben unsere Hände bei den meisten Gartengeräten mit Kunststoffgriffen Kontakt, die zwar pflegeleicht und mitunter auch ergonomisch sind, jedoch die Feuchtigkeit nicht aufnehmen. Die Folge spüren wir bei längerer Arbeit in Form von Hautrötungen und Blasen.

Dasselbe gilt für Holzgriffe, die aus optischen Gründen vom Hersteller mit Lack versiegelt wurden. Beim Kauf eines derartigen Werkzeugs sollte die erste Maßnahme sein, die Lackschicht abzuschleifen. Verwenden Sie flexibles Schleifleinen der Körnung 120 bis 180 und tragen Sie anschließend als Verschmutzungsschutz ein oder zwei Schichten naturbelassenes Leinöl auf.

Im Gegensatz zu lackierten Oberflächen, die nach längerer Beanspruchung durch Lackabplatzungen oft fleckig und unansehnlich werden, altern geölte Griffe in Würde. Ein gelegentlicher, erneuter Ölauftrag verbessert die optische und haptische Qualität. Reinigen Sie die Griffe bei Bedarf nur mit warmem Wasser oder etwas Seifenlauge. Versuchen Sie nicht, die Patina zu beseitigen, denn in ihr drückt sich die Wertschätzung aus, die das Werkzeug genießt.

Aufgrund des intensiven, oft lang andauernden Hautkontakts ist die Schadstofffreiheit von Griffmaterialen besonders wichtig. Unter diesem Gesichtspunkt ist nicht nur gegenüber Weichmachern in Plastikmaterialien, sondern auch bei sogenannten „Hartölen“ für die Behandlung von Holzoberflächen Vorsicht angebracht. Die im Handel unter dieser oder ähnlichen Bezeichnungen angebotenen Mischungen enthalten in aller Regel (meist schwermetallhaltige) Trocknungsbeschleuniger (Sikkative) und chemische „Hautverhinderer“, die unter dem Verdacht stehen, krebserregend zu sein.

Völlig unbedenklich ist dagegen reines Leinsamenöl, wie es als Speiseöl oder im Künstlerbedarf als „Standöl“ angeboten wird. Leinöl trocknet langsam, zieht aber dafür tief in das Holz ein. Es härtet die Oberfläche, macht sie mechanisch widerstandsfähiger und verleiht ihr eine angenehme Griffigkeit. Um eine besonders tiefgehende Wirkung zu erzielen, kann man die Griffe auch ein bis zwei Tage ganz in Öl tauchen. Nach der Trocknung lässt sich durch Polieren eine seidig glänzende, dichte Oberfläche erzeugen.

Leinöl ist ein hautverträglicher Oberflächenschutz, der zudem die Maserung zur Geltung bringt

INDEX

BEZUGSQUELLEN

Dictum GmbH, www.mehr-als-werkzeug.de

Dieter Schmid, www.feinewerkzeuge.de

Grube KG, www.grube.de

MUSEEN

Gärtner- und Häckermuseum in der Bamberger Gärtnerstadt:
www.gaertner-und-haecker-museum.byseum.de

Museum der Gartenkultur in Illertissen, neben der Staudengärtnerei Gaißmayer:
www.museum-der-gartenkultur.de

Österreichisches Gartenbaumuseum in Wien:
www.wien.gv.at/umwelt/parks/gartenbaumuseum/

Rudolf Dick
JAPANMESSER SCHÄRFEN
128 Seiten, Format 160 x 230 mm
Hardcover
ISBN 978-3-938711-55-2
EUR 19,90

Die ultimative Anleitung zum Schärfen auf Wassersteinen für alle Besitzer japanischer Messer:

- Schritt-für-Schritt-Anleitungen mit Fotos/Grafiken
- genaue Anweisungen für alle Messer-Typen
- fundierte Schleifmittel- und Stahlkunde
- Praxis-Tipps zur Pflege, Reparatur und fachgerechten Anwendung der Messer

Alles, was Sie schon immer über das Schärfen von japanischen Messern wissen wollten: Hier erfahren Sie, wie Sie Ihre Messer richtig scharf machen und die maximale Leistung aus ihnen herausholen.

Rudolf Dick
HOLZWERKZEUGE SCHÄRFEN
Vom Stecheisen bis zum Bohrer – wie Sie mit traditionellen Mitteln die schärfsten Schneiden erzeugen
224 Seiten, Format 160 x 230 mm,
Hardcover, ISBN 978-3-938711-66-8,
EUR 29,90

Wie man Holzbearbeitungs-Werkzeuge schnell und dauerhaft schärft, wird nirgends so klar dargestellt wie in diesem Buch. Hier lernen Sie in detaillierten Anleitungen, wie man Stech- und Stemmeisen, Hobel, Schnitzwerkzeuge, Äxte und Beile, Drechseleisen, Bohrer und Sägen vom stumpfen in den scharfen Zustand versetzt. Die Schärftechniken beruhen auf der traditionellen und seit Jahrhunderten bewährten Methode des Wasserstein-Schärfens. Wertvolle Expertentipps sowie eine fundierte Stahl- und Schleifmittelkunde runden dieses Standardwerk ab, das für alle Holzwerker unverzichtbar ist.

John D. Verhoeven
STAHL-METALLURGIE FÜR EINSTEIGER
320 Seiten, 160 x 230 mm, Hardcover
ISBN 978-3-9808709-50-7
EUR 39,90

Alles was Sie schon immer über Stahl wissen wollten, erfahren Sie in diesem Standardwerk der Stahl-Metallurgie. John D. Verhoeven nimmt Sie mit in die Tiefen der Stahlkunde und vermittelt Ihnen ein umfassendes und tiefgehendes Verständnis für die komplizierten Zusammenhänge. Er geht auch auf die besonderen Anforderungen von Messerklingen und Schneidwerkzeugen ein. Er hat jahrzehntelang mit Klingenschmieden zusammengearbeitet. Über 200 Schaubilder und Tabellen runden dieses einmalige Buch ab. Bestell-Nr.

Håvard Bergland
DIE KUNST DES SCHMIEDENS
344 Seiten, Format 215 x 260 mm,
Hardcover
ISBN 978-3-9808709-4-8
EUR 49,80

Das große Standardwerk des norwegischen Schmiede-„Papstes" Håvard Bergland ist ein umfassendes Buch, das seinesgleichen sucht. Auf 344 Seiten wird die gesamte Vielfalt des Schmiedehandwerks in voller Breite dargestellt – von Messerklingen über Möbelschlösser bis zu Wagenrädern. In über 1500 Fotos, Grafiken und Zeichnungen werden Werkzeuge, Einrichtungen, Techniken und Werkstücke gezeigt. Håvard Bergland lässt den Leser an seiner jahrzehntelangen Erfahrung teilhaben und gibt unzählige Tipps zum Arbeitsplatz, zu den Materialien, zur Handhabung der Werkzeuge und zur Gestaltung.

Japanische Messer schmieden
(Ernst G. Siebeneicher-Hellwig und Jürgen Rosinski) Von der Stahlerzeugung im Rennofen zum fertigen Tanto und Hocho, 128 Seiten, zahlreiche farbige Abb., Softcover mit Spiralbindung (16 x 23 cm)
Bestell-Nr. 100 0197
EUR 29,80

Klappmesser bauen
(Stefan Steigerwald und Peter Fronteddu) Klappmesser ohne Arretierung bauen, Softcover mit Spiralbindung, 144 S., viele Grafiken und Abb.
Bestell-Nr. 100 0162
EUR 29,80

Damast-Messer schmieden
(Siebeneicher-Hellwig/Rosinski)
Vom rohen Stahl zum fertigen Damast-Messer
104 Seiten, Format 160 x 230 mm
Softcover mit Spiralbindung
Bestell-Nr. 100 0170
EUR 24,80

Messer schmieden für Anfänger (Siebeneicher-Hellwig/Rosinski) Mit einfachsten Mitteln eine Schmiede einrichten und loslegen, 128 S., zahlr. Abb., Softcover mit Spiralb.
Bestell-Nr. 100 0134
EUR 29,80

Back-Lock-Messer
(Fronteddu/Steigerwald)
Komplette Anleitung von der Konstruktion bis zum Finish, 144 S., zahlreiche farb. Abb., Softcover mit Spiralbindung
Bestell-Nr. 100 0135
EUR 29,80

Integralmesser
(Fronteddu/Steigerwald)
Komplette Anleitung von der Konstruktion bis zum Finish, 144 S., zahlreiche farb. Abb., Softcover mit Spiralbindung
Bestell-Nr. 100 0144
EUR 29,80

Liner-Lock-Messer
(Fronteddu/Steigerwald) Komplette Anleitung von der Konstruktion bis zum Finish, 128 S., zahlreiche farb. Abb., Softcover mit Spiralbindung
Bestell-Nr. 100 0127
EUR 29,80

Steckangelmesser
(H. Schmidbauer und Hans J. Wieland) Ohne aufwändige Werkstatteinrichtung und Maschineneinsatz zum eigenen Messer, 122 S., Softcover mit Spiralbindung
Bestell-Nr. 100 0161
EUR 24,80

Flachangelmesser
(Stefan Steigerwald und Peter Fronteddu)
Schritt-für-Schritt: Vom Design zum fertigen Messer, ca. 144 Seiten, Format 160 x 230 mm
Softcover mit Spiralbindung
Bestell-Nr. 100 0180
EUR 29,80

Nordische Scheiden
Thomas Löfgren stellt seine Methode vor, um eine typisch skandinavische Köcher-Lederscheide für ein feststehendes Messer anzufertigen. Darin werden alle Arbeitsgänge in Bild und Text beschrieben (80 Seiten).
Bestell-Nr. 100 0169
EUR 19,80

Scrimshaw-Gravur
(Richard Maier)
Die Kunst der Scrimshaw-Gravur in Theorie und Praxis
144 Seiten, Format 160 x 230 mm
Softcover mit Spiralbindung
Bestell-Nr. 100 0172
EUR 29,80

Messer fotografierenwie ein Profi
(Hans Joachim Wieland)
Wie Sie Ihre Messer richtig ins Bild setzen
128 Seiten, Format 160 x 230 mm
Softcover mit Spiralbindung
Bestell-Nr. 100 0181
EUR 29,80

Bestellungen: 08061/3899810 oder www.wieland-verlag.com